ひと目でわかる 自筆証書遺言の書き方 10のポイント

遺言書

遺言者小林太郎は、この遺言書により次のとおり遺言する。

一 妻小林夏子に次の財産を相続させる。

1 土地
東京都中野区○○町○丁目所在 地番 ○番○
宅地 ○○○・○平方メートル

2 建物
同所同番地○所在 家屋番号 ○番○
木造スレート葺二階建居宅
床面積 一階○○・○平方メートル
二階○○・○平方メートル

3 ○○銀行○○支店の遺言者名義の定期預金
(口座番号○○○○○)のすべて

Point 1

すべてを自筆で書く

タイトルから本文、作成年月日、署名まで、すべて自筆で書かないと無効になります。形式は縦書きでも横書きでもかまいません。遺言内容は項目を立てて個条書きにします。

Point 2

タイトルは「遺言書」「遺言」「遺言状」

タイトルはなくてもかまいませんが、書いておいたほうが遺言として明確です。「遺言書」「遺言」「遺言状」などとします。

Point 3

財産の処分の表現は「相続」と「遺贈」

財産を相続人に譲る場合は「相続させる」とし、相続人以外に譲る場合は「遺贈する」と書きます。配偶者居住権については「遺贈する」にしておきましょう。

Point 4

不動産は登記事項証明書どおりに記載

土地、家屋などの不動産の表記は登記事項証明書（未登記の場合は固定資産税課税台帳登録証明書記載）のとおりに記載します。改正により、パソコンで別紙財産目録を作成したり、登記事項証明書を添付することが可能になりました。

Point 5

預貯金、株式は特定できるように記載

預貯金は、銀行名、支店名、預貯金の種類（普通・定期・定額など）、口座番号など、特定できるよう記載します。株式は会社名、株数を明確に記載します。改正により、パソコンで別紙財産目録を作成したり、預貯金の通帳コピーを添付することが可能になりました。

◉用紙は…

用紙は自由だが、保存に耐えるものを。紙の大きさは、コピーしやすいＡ４やＢ５サイズを使う。

◎遺留分の侵害がある場合は侵害額請求（1年以内）● P22

● P176

1 遺言者名義の○○株式会社株式　○○万株
（○○証券○○支店に預託）

三 長女木村冬子に次の財産を相続させる。

1 ○○銀行○○支店の遺言者名義の定期預金全額（小林）

四 この遺言の遺言執行者に左記の者を指定する。

東京都千代田区麹町○丁目○番○号

弁護士　佐藤正人

令和○年○月○日

東京都中野区○○町○丁目○番○号

遺言者　小林太郎（小林）

この行弐字
加入
小林太郎

Point 10

訂正は法的に定められた方法で行う

書き直しや削除などは、法的に定められた方法で行わないと、無効になってしまいます。変更した場所に押印し、遺言書の上部欄外や末尾に変更個所と内容を付記し、署名します。

Point 9

作成年月日を必ず書く

作成年月日がないと無効になってしまいます。西暦、元号のほか、「満○才の誕生日に」などでもかまいませんが、書いた日が特定できるようにします。

Point 8

必ず自筆で署名する

署名がないと無効になってしまいます。名前は戸籍上の氏名がベストですが、遺言者が通常使用しているペンネームや芸名、雅号などでも有効です。住所はなくてもかまいません。

◉筆記用具は…

筆記用具も自由だが、万年筆やボールペンなどを使う。改ざんのおそれがある鉛筆は避ける。

Point 7

必ず押印する

押印がないと無効になってしまいます。使用する印鑑は認め印でもかまいませんが、できれば実印を使います。訂正にも同じ印を使います。

Point 6

遺言執行者を指定

遺言内容を確実に、ズに行うために遺言を指定しておくことます。遺言執行者の遺言でしかできませ

令和版

遺言の書き方

と相続・贈与

監修 弁護士
比留田薫

主婦の友社

Check Point!

民法(相続法)改正！

知っておくべきチェックポイント

すすむ高齢化社会や相続トラブルに対応するために、
2018年7月に民法（相続法）が約40年ぶりに改正され、
相続に関するルールが大きく見直されました。
この改定は、2019年1月から2020年にかけて、段階的に施行されます。
まずは、大きく変わるポイントを押さえておきましょう。

POINT ① 自筆証書遺言の方式が緩和

財産目録はパソコン作成や預貯金の通帳コピーの添付が可能に

これまで自筆証書遺言（32ページ参照）は、遺言書の本文だけでなく財産目録もすべて手書きでなければ無効とされていました。そのため、不動産の内容などを書き間違えた場合も、訂正するにも法律で決められた方法で行わなければならず、作成するためには細心の注意が必要でした。

しかし改正により、財産目録はパソコンなどで作成したものを添付できるようになりました。他に不動産であれば、登記事項証明書の写しや、預貯金であれば通帳のコピーを添付することも可能です。

ただし、遺言書の本文については、これまでどおり自筆でなければなりません。

→36ページ「自筆証書遺言に目録をつける例」参照

POINT ②

自筆証書遺言の保管制度の創設

法務局で自筆証書遺言を預かってもらえる制度

自筆証書遺言を自宅などで保管していた場合、遺言者の死後、遺言書が発見されなかったり、第三者の手により隠されたりしてしまう危険性があります。そのリスクを避けるために、法務局で自筆証書遺言を預かってもらえるようになりました。遺言者の住所地もしくは本籍地、または遺言者が所有する不動産の所在地を管轄する法務局に、保管申請をすることができます。

遺言者の死後、相続人や受遺者は法務局に遺言書が保管されているかどうかを調べる「遺言書保管事実証明書」の交付請求や、遺言書の写しを請求する「遺言書情報証明書」の交付請求ができます。また、法務局は、遺言書情報証明書の交付をすると、他の相続人に遺言を保管していることを通知するシステムになっています。

自宅などで保管してあった自筆証書遺言は、家庭裁判所での検認の手続きが必要ですが、法務局に預けてある場合は、検認の手続きは不要です。

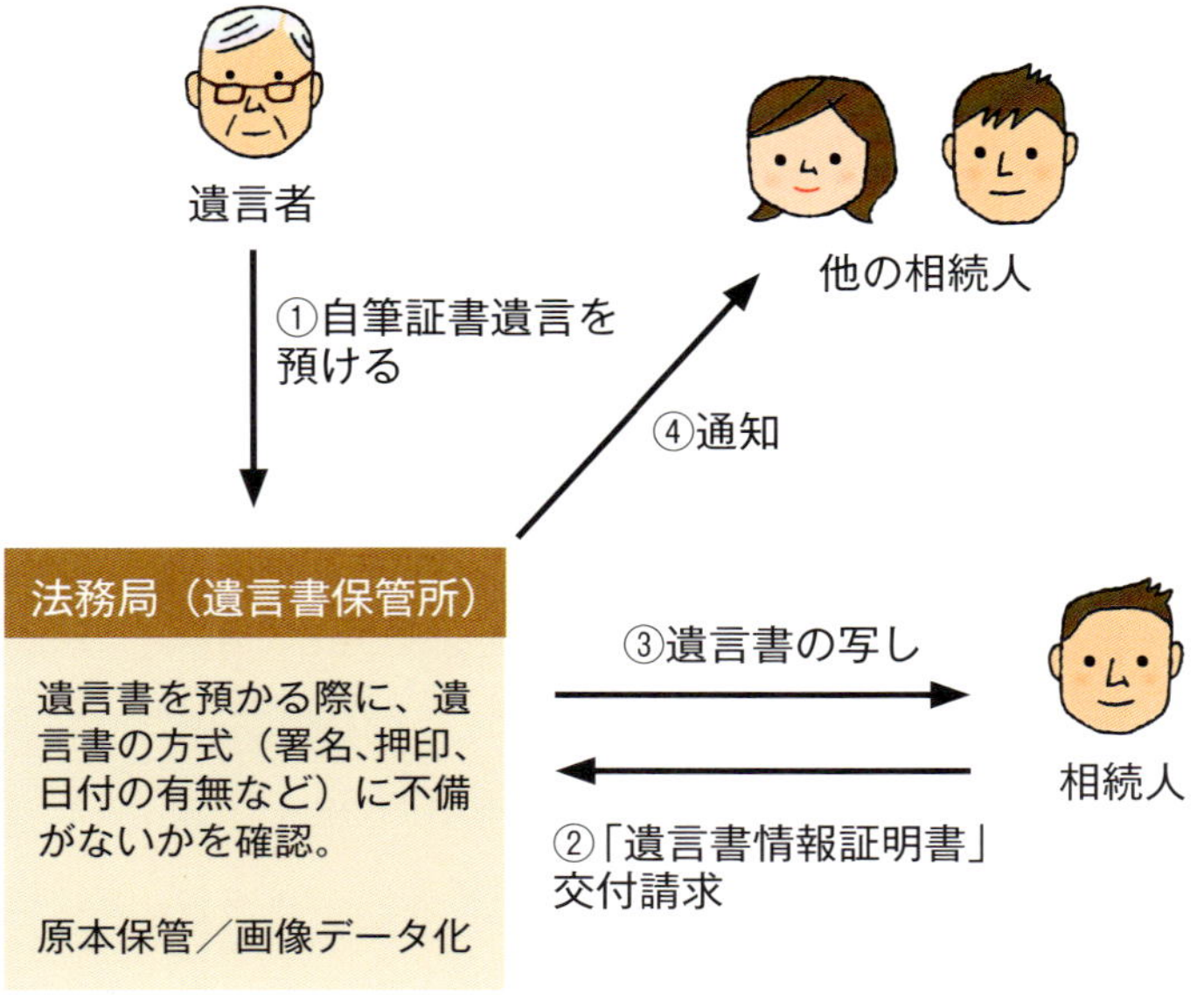

POINT ③

配偶者居住権の創設

配偶者が自宅に住み続けられる優遇措置

配偶者の居住権を保護するために、配偶者が被相続人所有の居住建物に居住していた場合、終身または一定期間、その建物に住み続けることができる「配偶者居住権」が創設されました。これは、居住建物を所有権と居住権に分けて相続するもので、この制度を利用することによって、たとえ他の相続人が自宅の所有権を得たとしても、配偶者は自宅に、家賃の支払いなく、安心して住み続けることができるようになります。

他にも、配偶者が、遺産分割協議が成立するまでの間（最低6カ月間は保障）自宅に住み続けられる「配偶者短期居住権」も創設されています。

→84ページ「妻が自宅に住み続ける権利を確保」参照

事例▶ 相続人が妻と子ども1人、遺産が自宅（2,000万円）と預貯金（4,000万円）の場合

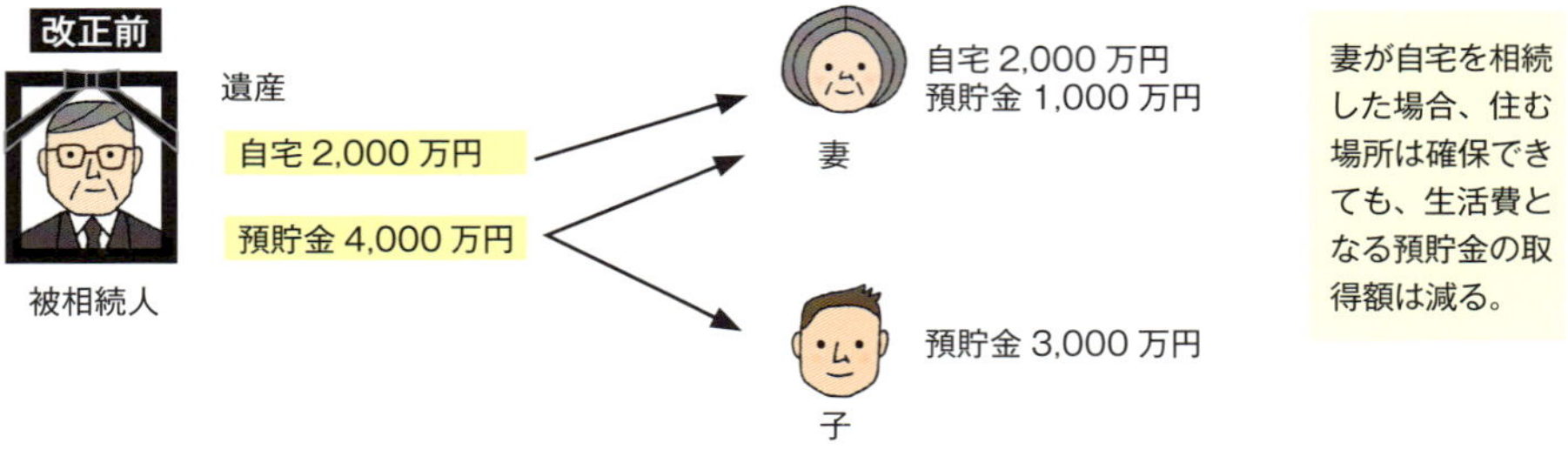

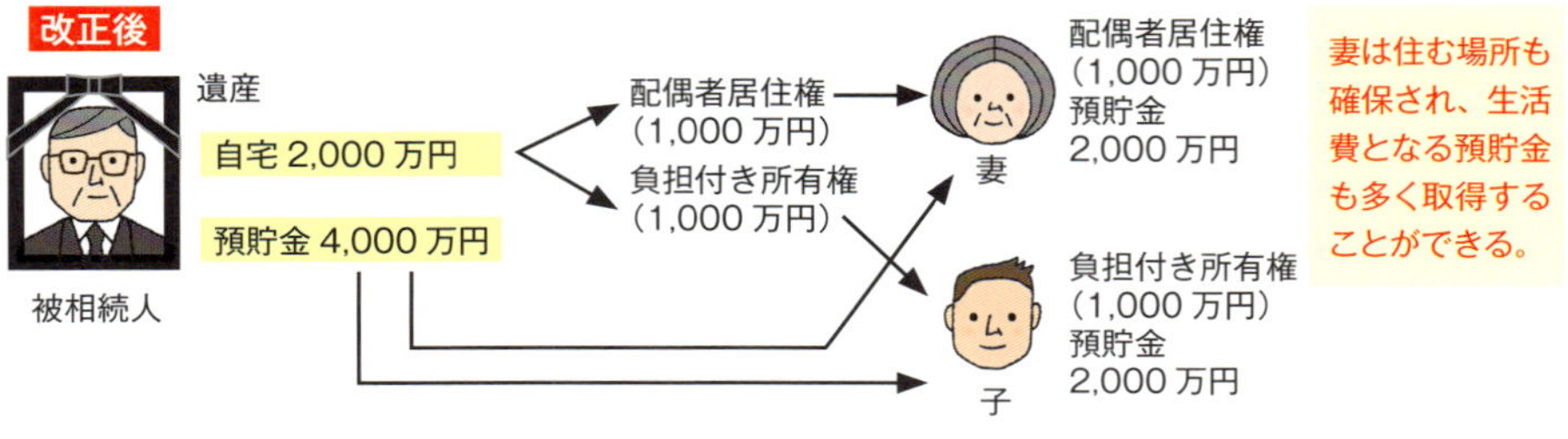

POINT ④

居住用不動産の生前贈与に優遇措置

配偶者に贈与した自宅は遺産分割から除外される

被相続人の配偶者が自宅を生前贈与した場合、これまでは相続財産の先渡し（特別受益）を受けたものとして、相続遺産に生前贈与分を加えたうえで、それを先渡しされたものとして遺産分割することになっていました。これを「持ち戻し」といいます。

しかし今回の改正により、婚姻期間が20年以上の夫婦間では、配偶者に自宅を生前贈与または遺言書によって遺贈した場合、被相続人の持ち戻し免除の意思表示があったものとして、遺産分割から除外できるようになりました。

この制度により、高齢の配偶者に自宅を残せるだけでなく、遺産分割において、配偶者の取り分を増やすことが可能になります。

事例▶ 相続人が妻と子ども２人、自宅（評価額 2,000 万円）を妻に生前贈与、遺産は他に預貯金（4,000 万円）の場合

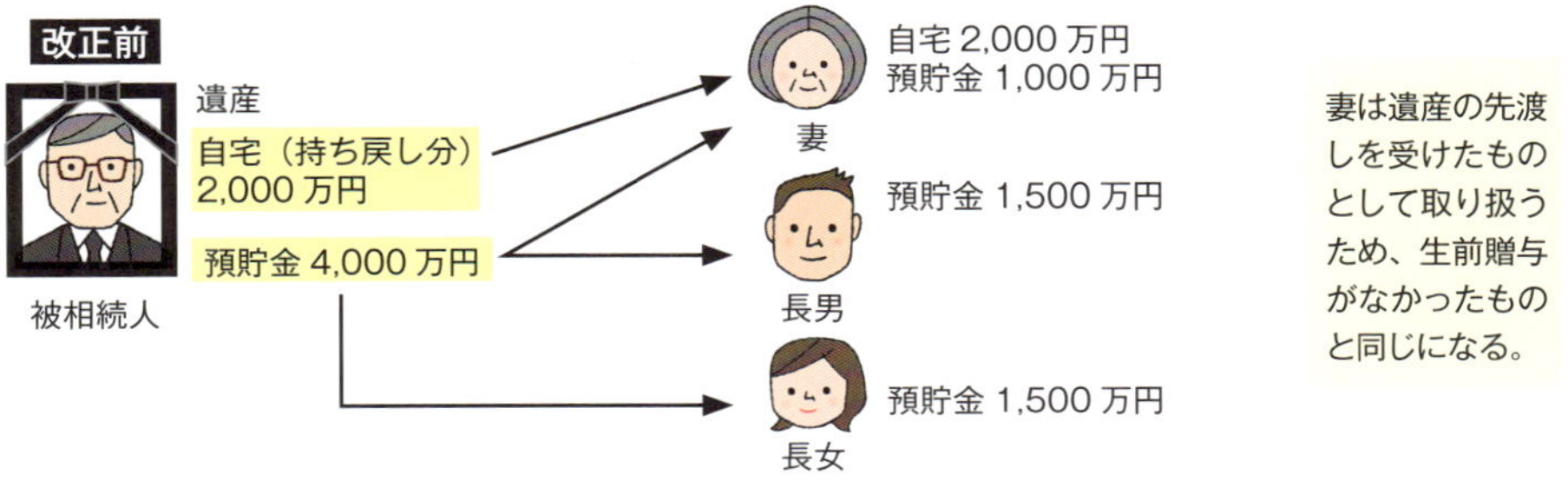

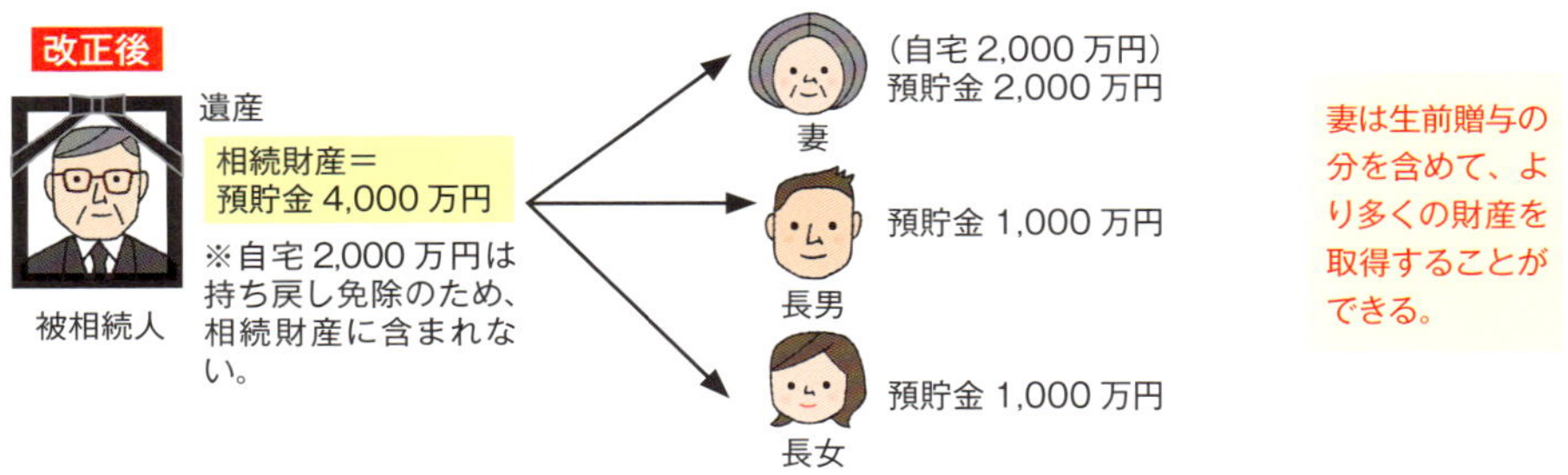

POINT ⑤

預貯金の払い戻し制度の創設

被相続人の凍結された口座から仮払い請求が可能に

被相続人の預貯金口座は、被相続人の死亡を知らせた時点で凍結され、これまでは遺産分割協議が終わるまで、お金を引き出すことはできませんでした。そのため葬儀費用の支払い、生活費などでお金が必要なときに困ることもありました。しかし、改正により、相続人の資金需要に対応できるよう、一定額までは、預貯金の払い戻しができるようになりました。家庭裁判所の判断を経ずに払い戻しが受けられる制度で、一金融機関につき、口座残高の法定相続分の3分の1まで（ただし、法務省令で金融機関ごとに150万円までの上限あり）は、単独で払い戻しすることができます。また、この金額以上の払い戻しが必要な場合には、家庭裁判所の判断で、仮払いが認められるようになりました。

事例▶ 被相続人の葬儀費用を長男が支払う場合

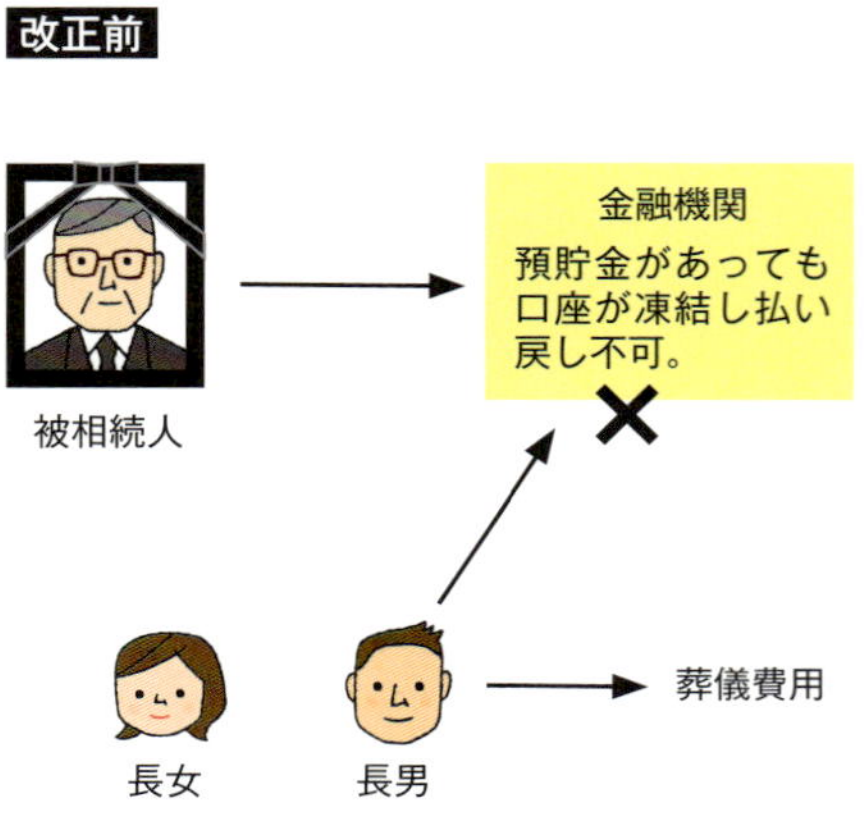

葬儀費用支払いのため資金が必要だが、払い戻しができないため長男は自分の預貯金から葬儀費用を支払わなければならない。

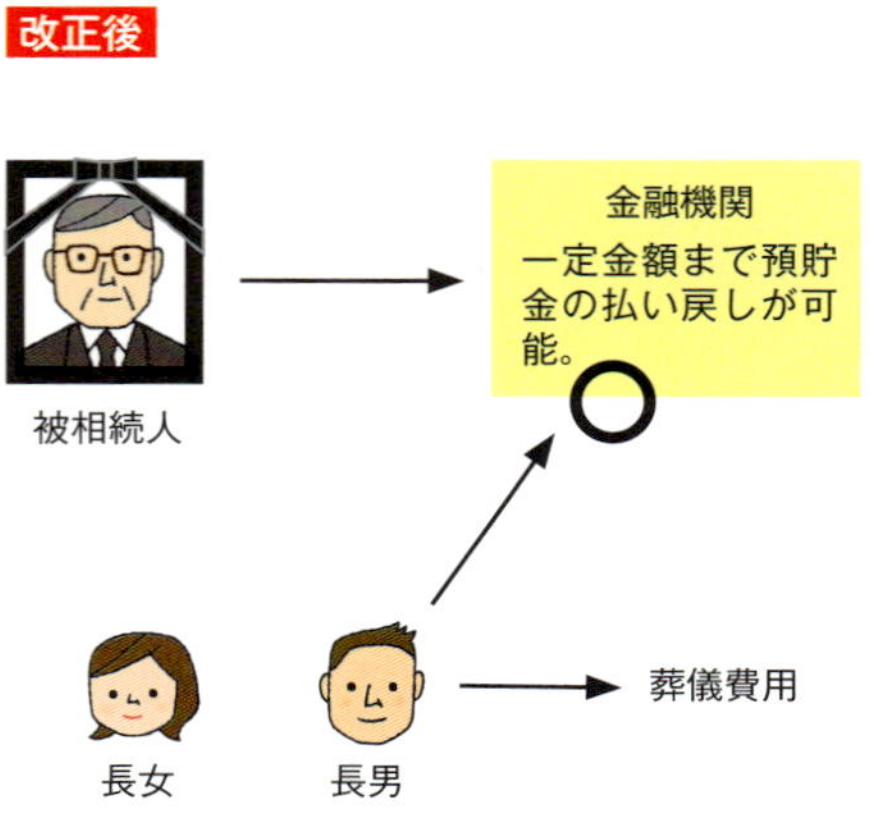

長男は被相続人の口座から払い戻して、葬儀費用にあてることができる。

POINT ⑥

遺産分割前の財産処分についての改正

遺産分割前の勝手な使い込み分も遺産分割の対象にする方策が緩和

　被相続人の預貯金口座が凍結される前に、共同相続人のひとりがひそかに現金を引き出してしまった場合、その分を遺産に組み戻すには、引き出した相続人も含めた相続人全員の同意が必要でした。

　しかし今回の改正により、勝手に引き出した相続人の同意を得ることなく、他の相続人全員の同意により、処分された財産を遺産分割時に存在しているものとして、遺産分割を行うことができるようになりました。

　これまでは不当な出金があった場合、民事訴訟で不当利得返還請求などが必要でしたが、この制度によって、不当な出金がなかったとした遺産分割が可能になります。

事例▶ 相続人は長男と二男。遺産は預貯金 3,000 万円で、長男が相続開始後ひそかに預金 1,000 万円を引き出した場合

改正前

遺産＝ 3,000 万円－ 1,000 万円（不当な払い戻し分）＝ 2,000 万円

長男　2,000 万円× 1/2 ＋引き出し分 1,000 万円＝ 2,000 万円

二男　2,000 万円× 1/2 ＝ 1,000 万円

不当な払い戻しをした長男の利得額が大きくなる。

改正後

遺産＝ 3,000 万円　不当な払い戻し分がなかったものとして財産分割

長男　3,000 万円× 1/2 ＝ 1,500 万円
（うち不当に処分した分 1,000 万円を含む）

二男　3,000 万円× 1/2 ＝ 1,500 万円

不当な払い戻し分を遺産に戻して分割するため、公平に遺産を取得できる。

POINT ⑦

遺留分制度の見直し

遺留分を侵害された場合、遺留分侵害額相当の金銭を請求できる

たとえば長男が家業を継ぎ、会社の土地建物を取得した場合、他の相続人の遺留分（22ページ参照）を侵害することがあります。改正前では他の相続人が遺留分減殺請求を行使すると、他の相続人は会社の土地建物を共有する形で、遺留分を取得していました。しかし、不動産の共有は、トラブルのもとになることが多いため、改正法では侵害されている遺留分は、金銭によって支払ってもらえるようになりました。請求された側がすぐに支払えない場合は、一定期間の猶予が与えられます。

また、相続人が被相続人から生前に得た特別受益の範囲も改正され、相続開始前10年以内のものに限り、遺留分算定の財産に加えることになりました。

事例▶ 会社の土地建物１億円を長男が相続し、預貯金の 1,000 万円を長女が相続する場合

改正後

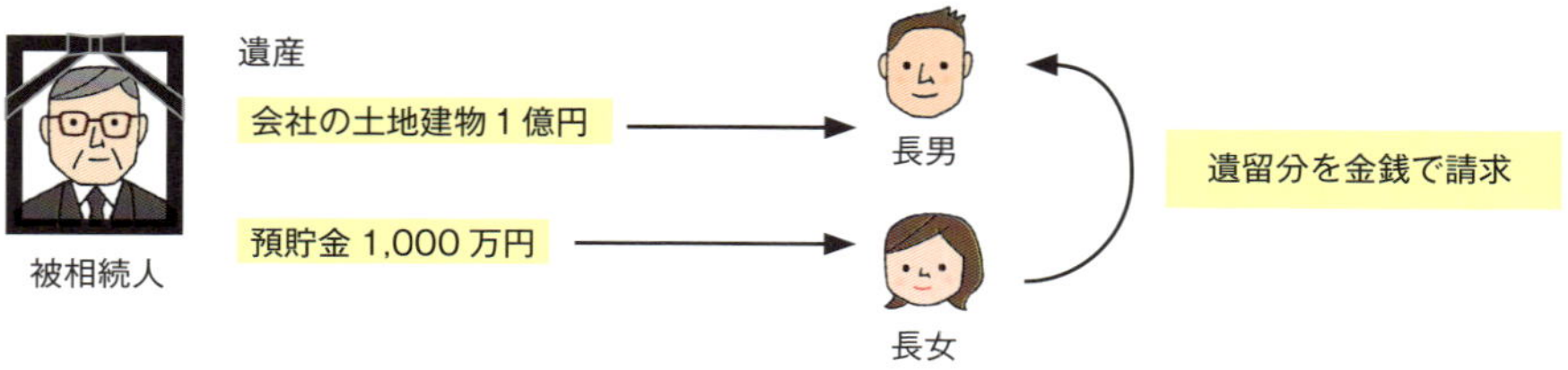

長女の遺留分

（１億円＋ 1,000 万円）× 1/2（遺留分の割合）× 1/2（法定相続割合）－ 1,000 万円（長女が取得した預貯金）＝ 1,750 万円

長女は長男に対して、1,750 万円請求できる。

POINT ⑧

特別の寄与の制度の創設

介護した親族に与えられる相続権がなくても請求できる制度

たとえば長男の嫁は、長年にわたり義父母の介護を行ってきても相続権がないため、義父母の死後、その相続財産を取得することはできません。それに対して、二男や長女など相続人は、まったく介護を行っていなくても、財産を相続することができます。その不公平さを改善するために創設されたのが、「特別の寄与の制度」です。

遺産分割はこれまでどおり被相続人の子である相続人だけで行いますが、介護をしてきた長男の嫁は、相続人に対して金銭の請求ができるようになりました。ただし介護による貢献が認められた場合のみ請求できるので、介護日誌や介護業者との連絡履歴など、介護事実を証明するものが必要になります。

事例▶ 長男が死亡後も長男の妻が、義父の介護をしていた場合

改正後

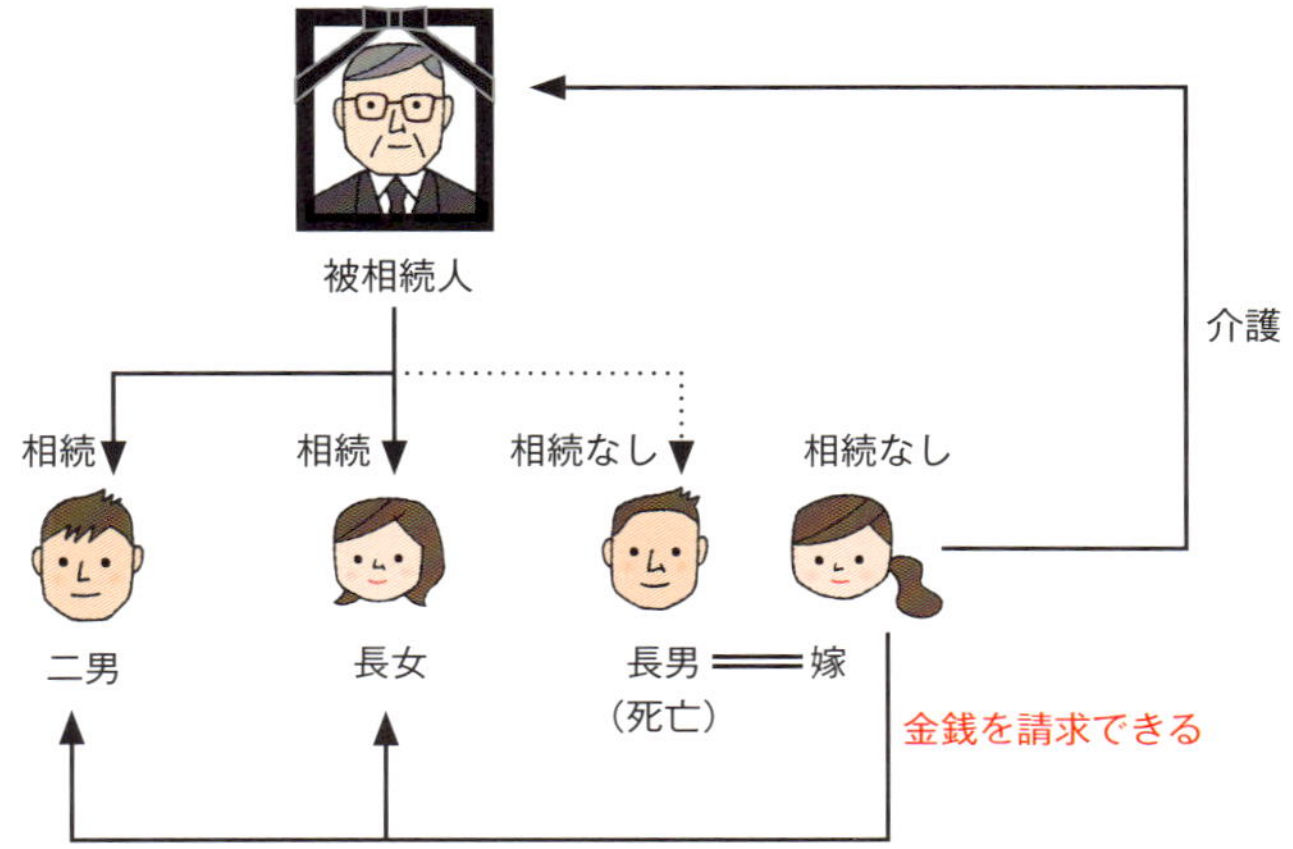

長男が死亡したあとも、義父の介護を行ってきた場合には、長女と二男に対して、金銭を請求することができる。

令和版 遺言の書き方と相続・贈与

目次

特別添付
● ひと目でわかる"自筆証書遺言の書き方"10のポイント
● 相続開始から相続税の申告・納税まで［手続きの流れ］

民法（相続法）改正！ 知っておくべきチェックポイント
1. 自筆証書遺言の方式が緩和 …… 2
2. 自筆証書遺言の保管制度の創設 …… 3
3. 配偶者居住権の創設 …… 4
4. 居住用不動産の生前贈与に優遇措置 …… 5
5. 預貯金の払い戻し制度の創設 …… 6
6. 遺産分割前の財産処分についての改正 …… 7
7. 遺留分制度の見直し …… 8
8. 特別の寄与の制度の創設 …… 9

PART 1 遺言の基本 …… 17

遺言書はなぜ必要か …… 18
遺言によって自分の意思を伝える …… 18
◆特に遺言を書いておいたほうがよい場合 …… 19
法的に効力のある遺言の内容 …… 20
法律上、効力のある遺言事項 …… 20
自分の意思をはっきりと記しておく …… 20
◆法的に遺言できることの内容 …… 21
遺留分とは？ …… 22
相続人としての権利や利益を守るための規定 …… 22
遺留分が認められる範囲 …… 23
遺留分の放棄 …… 23
遺留分の侵害額請求 …… 23
◆相続人の組み合わせと遺留分の割合（例） …… 24
◆遺留分の計算 …… 24
◆【書式】遺留分放棄の許可の申立書 …… 25
特別受益者と特別寄与者 …… 26
● 特別受益者 …… 26
特別受益の対象は結婚資金、独立資金、多大な学費、住宅資金など …… 26
● 特別寄与者 …… 26
トラブルのもとになりがちな寄与分 …… 27
遺贈とは？ …… 28
遺言による贈与が遺贈 …… 28
遺贈は遺言者の死後、放棄できる …… 28
条件付きの遺贈もできる …… 29
遺贈は遺留分を侵害しないように …… 29
遺言の方式 …… 30
民法の規定による遺言の方式 …… 30
普通方式には3種類がある …… 30
特別な事情の場合の特別方式 …… 30
◆遺言の方式の種類 …… 31
◆普通方式の遺言の種類と特徴 …… 31

自筆証書遺言 …… 32
一定の条件を満たしていないと無効になる …… 32
用紙、筆記用具に制限はない　封印をする、しないも自由 …… 33
● 自筆証書遺言の一般的な例 …… 34
● 自筆証書遺言に目録をつける例 …… 36
公正証書遺言 …… 38
公証人に依頼して作成する遺言書 …… 38
公証人に出張してもらうこともできる …… 38
公正証書遺言作成の手順 …… 39
memo 証人の条件 …… 39
原本は公証役場に保管される …… 40
作成手数料は法によって決められている …… 40
memo 公証人とは? …… 40
◆公正証書遺言作成の手数料 …… 41
● 公正証書遺言の一般的な例 …… 42
秘密証書遺言と一般危急時遺言 …… 44
● 秘密証書遺言 …… 44
遺言書作成の事実が公証役場に記録される …… 44
死後は家庭裁判所での検認が必要 …… 44
● 一般危急時遺言 …… 45
証人の1人が口述筆記をする …… 45
作成後、20日以内に家庭裁判所に届ける …… 45
遺言を撤回・変更したいとき …… 46
死亡前の遺言はいかなる義務も権利も発生しない …… 46
一部を変更、撤回する場合 …… 46
遺言のすべてを撤回する場合 …… 47
2通以上あるときは日付の新しい遺言が有効 …… 47
不要になった遺言書は破棄する …… 47
遺言書の保管と死後の扱い …… 48
遺言書の保管には工夫が必要 …… 48
◆【書式】遺言書検認の申立書 …… 49
遺言の執行と遺言執行者 …… 50
遺言執行者は遺言でのみ指定できる …… 50
遺言執行者が必要であれば、家庭裁判所に選任の申し立てを …… 50
◆【書式】遺言執行者選任の申立書 …… 51
遺言作成の準備 …… 52
財産目録を作成して、相続財産を確認する …… 52
だれに何を相続させるかを考える …… 53
相続人の廃除の申し立て …… 53
memo 自分の葬儀についての遺言 …… 53
◆財産目録作成メモ …… 54
◆【書式】推定相続人廃除の申立書 …… 55
Q&A● 遺言書の検認はどのような目的で行う手続き?／56　相続人に特別受益者がいる場合の相続分の計算方法は?／56　遺言書に「○○に全財産を相続させる」とあった場合、法定相続人の遺留分は?／57　公正証書遺言には、法的に有効な内容しか書けない?／57　遺言書の保管にはどのような方法がある?／58

【信託銀行の遺言信託】／58

PART 2 ケース別 自筆証書遺言の書き方 59

自筆証書遺言作成の基本 …… 60
表題は「遺言書」「遺言状」「遺言」などとする …… 60
日付、署名、押印の3点セットは必須 …… 60
保存に耐える用紙に、万年筆、ボールペン、サインペンなどで …… 61
日付の書き方 …… 61
内容はわかりやすく個条書きにする …… 62
財産は客観的に特定できるように記載する …… 62
相続人や受遺者も特定できるように書く …… 62
封筒に入れて保管するとき …… 63
◆自筆証書遺言を入れる封筒の書き方 …… 63
自筆証書遺言の加除訂正の仕方 …… 64
法律で決められた方法で行う …… 64
◆加除訂正の例 …… 65

相続分を指定する遺言書

妻に全財産を相続させる ①子どもがいない場合 …… 66
遺留分を考えた内容にする …… 66
妻に全財産を相続させる ②子どもがいる場合 …… 68
子が納得する説明を入れる …… 68
妻に法定相続分よりも多く相続させる ①子どもがいる場合 …… 70
遺留分を侵害しない範囲で …… 70
妻に法定相続分よりも多く相続させる ②子どもがいない場合 …… 72
各相続人の相続分を指定する …… 72
子の相続分に差をつける …… 74
遺留分に配慮して相続分を指定 …… 74
先妻の子に多く相続させる …… 76
後妻の死後を考えた相続に …… 76
非嫡出子の相続分を明らかにしておく …… 78
法定相続分は嫡出子と同じ …… 78
財産の分割方法の指定を委託する …… 80
相続分を指定し、分割方法の指定を第三者に委託する …… 80

相続財産の分割方法を指定する遺言書

妻に家と土地を相続させる …… 82
土地、建物は別々に、登記事項証明書どおりに記載する …… 82
妻が自宅に住み続ける権利を確保（配偶者居住権を使う） …… 84
自宅の居住権と所有権を明記する …… 84
妻に土地・建物の共有部分を相続させる …… 86
遺言者の持ち分を相続させる …… 86
妻にマンションの一室を相続させる …… 88
一棟の建物、専有部分、敷地権に分けて記入する …… 88
妻に預貯金を相続させる …… 89
口座が特定できるように記載する …… 89
長男と二男に株式を相続させる …… 90
株式を特定し、株数か相続分を指定する …… 90
妻に有価証券を相続させる …… 91
どの有価証券か特定できるように記載する …… 91

長男に会社や店を継がせる …… 92
株式と事業用資産の両方を相続させる …… 92
二男に農業を継がせる …… 94
農業経営に関するすべての財産を単独相続させる …… 94
長男に墓や仏壇を継がせる …… 96
祭祀承継者を指定する …… 96
愛用品やコレクションを贈る …… 98
贈る相手と品物を特定する …… 98

相続権のない人に財産を譲る遺言書

相続人は妻と子だが、母親にも譲る …… 100
「相続」ではなく、「遺贈」になる …… 100
世話になっている嫁に譲る …… 101
遺留分に配慮し、遺贈する …… 101
内縁（事実婚）の相手に譲る …… 102
婚姻関係にないと相続権はない …… 102
養子縁組をしていない妻の連れ子に譲る …… 104
養子縁組をしなければ他人 …… 104
継母に財産を譲る …… 105
「遺贈」として譲る理由を記載 …… 105
娘婿に財産を譲る …… 106
養子縁組をしていない娘婿に相続権はない …… 106
孫に財産を譲る …… 107
遺贈する財産と理由を明記 …… 107
甥や姪に財産を贈る …… 108
遺留分に配慮し、遺贈の理由を明記する …… 108
世話になった人に贈る ①相続人がいる場合 …… 110
相手が特定できるように明記する …… 110
世話になった人に贈る ②相続人がいない場合 …… 112
遺言執行者を指定しておく …… 112
愛人に財産を譲る …… 114
相続人の遺留分を考慮し、財産を特定遺贈する …… 114
財産の一部を寄付したい …… 116
遺贈先を明示し、遺言執行者を指定 …… 116

条件付きで財産を譲る遺言書

母親の面倒を見ることを条件に …… 118
条件（負担）を具体的に記す …… 118
ローンの残っている自家用車を長男に …… 120
ローンの承継には債権者の承諾が必要 …… 120
ペットの世話を依頼する …… 121
ペットの世話を条件に財産を遺贈する …… 121

さまざまな状況に応じた遺言書

障害のある子のために財産を信託にする …… 122
信託銀行に遺言信託し、遺言執行者を指定する …… 122
未成年者の後見人を決める …… 124
後見監督人の指定もできる …… 124
memo 後見人の資格 …… 124
遺産の分割を禁止する …… 126
5年以内なら禁止できる …… 126

生前贈与分を相続財産に加えないようにする …… 128
特別受益の持ち戻しを免除する …… 128
特別受益にあたる生前贈与をはっきりさせる …… 129
贈与の金額や目的を明記する …… 129
寄与分についてはっきりさせる …… 130
寄与の内容について具体的に記す …… 130
行方不明の相続人がいる …… 131
不在者財産管理人の選任を依頼する …… 131
相続人を廃除する …… 132
廃除の理由を具体的に記す …… 132
相続人の廃除を取り消す …… 134
遺言執行者を指定する …… 134
生命保険金の受取人を変更する …… 135
死後、保険会社への通知が必要 …… 135
愛人との子どもを認知する …… 136
認知する子を明記し、遺言執行者を指定する …… 136
認知症の妻の後見人選任を依頼する …… 138
成年後見人の選任を依頼する …… 138
作成した遺言書を撤回・訂正する …… 140
撤回・訂正はわかりやすく書く …… 140
一般財団法人を設立したいとき …… 142
設立の意思表示をし、定款に記載すべき内容を定める …… 142

葬儀・臓器提供

葬儀について希望する …… 144
相続の遺言書とは別に書く。内容は具体的に …… 144
臓器提供を希望する …… 146
家族が納得する理由も明記する …… 146

Q&A● 自筆証書遺言に使う印鑑は認め印でもいいといいますが、実印、認め印とは?/148 他家に養子にいくと、実父母の相続人にはなれない?/148 離婚した場合、相続権はどうなる?/149 外国にいる場合、遺言することはできる?/150 夫婦2人で1通の遺言を書いてもいい?/150 【嫡出子と非嫡出子】/149

PART 3 相続の基本 …… 151

相続の開始 …… 152
被相続人の死亡とともに相続は開始される …… 152
遺言書の有無を確認する …… 152
◆相続の開始から相続税の申告・納税までのスケジュール …… 153
相続財産と遺産分割の方法 …… 154
相続の対象となる財産 …… 154
遺産分割の方法 …… 154
◆相続の対象となる財産・ならない財産 …… 155
相続人の範囲と順位 …… 156
法律で決められた相続人の範囲と順位 …… 156
代襲相続 …… 157
◆法定相続人の範囲とその順位 …… 157
相続人の確定 …… 158
被相続人の戸籍をもとに相続人を確定する …… 158

行方不明者がいる場合 …… 158
◆【書式】不在者の財産管理人選任申立書 …… 159
相続人が1人もいないとき …… 160
相続財産管理人が相続の手続きをする …… 160
特別縁故者は財産分与の申し立てができる …… 160
◆【書式】特別縁故者に対する財産分与の申し立て …… 161
法定相続と相続分 …… 162
相続人の構成と相続分 …… 162
◆法定相続分 …… 163
◆相続人の組み合わせと法定相続分 …… 163
相続の方法　限定承認と相続放棄 …… 168
何も手続きをしなければ単純承認したことになる …… 168
相続人を保護するための「限定承認」 …… 168
遺産に関するいっさいの義務も権利も放棄できる …… 169
◆相続の方法 …… 169
◆【書式】限定承認の申述書 …… 170
◆【書式】相続放棄の申述書 …… 171
遺産分割協議 …… 172
1人でも不参加だと協議は成立しない …… 172
遺産分割協議書の作成 …… 172
◆【書式】特別代理人選任申立書 …… 173
遺産分割協議がまとまらないとき …… 174
調停では、相続人同士の譲歩と合意を目ざす …… 174
審判では、分割方法が強制的に命じられる …… 174
◆【書式】遺産分割調停申立書 …… 175
相続税の申告と納付 …… 176
相続税は被相続人の住所地の税務署に申告する …… 176
相続税の対象となる財産・ならない財産 …… 177
配偶者の税額軽減 …… 177
◆相続税の対象となる財産・ならない財産 …… 178
◆相続税の税率と相続税額の例 …… 179
Q&A● 相続人が資格を失うのは、どういう場合?／180　相続税の計算をするときの、相続財産の評価の仕方は?／180　相続税・贈与税を計算するときの、宅地の評価の仕方は?／181　【主な相続財産の評価方法】／182

PART 4 贈与の基本 183

贈与とは? …… 184
贈与は贈り手と受け手との契約 …… 184
贈与税は個人から個人への贈与にかかる …… 184
注意したい親子間の借金や名義変更 …… 185
memo 死因贈与と遺贈 …… 185
贈与税がかかる財産・かからない財産 …… 186
「本来の財産」と「みなし贈与財産」 …… 186
贈与税がかからない財産 …… 186
年間110万円以下なら贈与税はかからない …… 187
贈与税の申告と納付 …… 188
課税価格は贈与時の時価で評価される …… 188

贈与税は自分で計算して申告・納税する……188
贈与税の延納……189
◆贈与税の速算表……189
贈与税の配偶者控除……190
同一の夫婦に1回だけ認められる特典……190
生前贈与と相続のどちらが得か、熟慮が必要……190
◎贈与税の配偶者控除を受けるための条件……191
memo 住宅取得等資金の贈与税の非課税……191
相続時精算課税制度……192
親から子への贈与などに適用され、年齢制限がある……192
選択すると相続時まで継続……192
非課税額は2500万円。住宅取得等資金の特例もある……193
相続時に贈与財産と相続財産を合算……193
◆暦年課税と相続時精算課税による贈与……194
生命保険金と贈与税……196
死亡保険金に課税される税金……196
満期保険金に課税される税金……196
◆死亡保険金・満期保険金と税金……197
Q&A● 親から多額の借金をするときの、契約書の書き方は？／198
198 相続税の節税を考えて贈与をするときのポイントは？／198
毎年、子どもや孫に贈与を続けていくときの注意点は？／199
墓地や墓石の購入は、節税になる？／200

巻末保存 遺言・相続・贈与についての相談・問い合わせ先……201
専門家への相談・依頼……202
● 弁護士……203
● 国税庁・国税局・税務署の税務相談……205
● 家庭裁判所……206
● 公証人……208
● 税理士……218
● 法テラス（日本司法支援センター）……219
索引……223

※データ、数字に関しては、特に断り書きのない限り、2019年5月現在のものです。

［取材協力］Part3・4
岡田茂朗（岡田茂朗税理士事務所）
［スタッフ］
カバーデザイン／西垂水敦（krran）
本文デザイン／フリッパーズ
本文イラスト／安田ナオミ
構成・まとめ／田﨑佳子・宇田川葉子
校正／安倍健一
編集協力／谷育代
編集担当／池上利宗（主婦の友社）

PART 1

遺言の基本

遺産相続のトラブルを防ぐために重要な遺言。
法的に効力のある遺言を書くための
基本をおさえておきましょう。

遺言書はなぜ必要か

POINT

- 遺産相続では、法定相続よりも遺言による相続が優先される。
- 残された者に自分の意思をはっきりと示すことで、相続のトラブルを防ぐ。

遺言によって自分の意思を伝える

最近は、財産の多寡にかかわらず、相続時の遺産分割をめぐるトラブルがふえています。遺産が**被相続人**（死亡した人）の住んでいた家と土地だけでも、各相続人が民法による**法定相続分**を主張して、被相続人の配偶者の住まいでもある家と土地を売らなければならないというようなことも多いようです。

遺言《ゆいごん》（法律上は遺言《いごん》）がなくても、相続人同士の話し合い（**遺産分割協議**）が円滑に進み、問題なく相続を終える場合もありますが、相続人同士が争い、相続後の人間関係にしこりを残すこともあります。

遺産分割では民法で規定されている法定相続分はあくまでも目安です。実際の相続では、相続人それぞれの家庭の事情や人間関係などによっては、法定相続による分割が必ずしもふさわしいとはいえない状況もあります。

遺産相続では「法定相続よりも遺言による相続が優先される」という大原則があります。遺言によって、被相続人の意思が明確にされていれば、相続争いを防ぐことも、相続そのものをスムーズに進めることもできます。また、遺言によって相続権のない人に財産を譲ることもできます。

自分の財産を、どのように相続させたいのか、最終的な意思を伝える手段が遺言です。財産をどのように管理し、そして整理し、相続につなげるか、今後の方向をはっきりとさせる意味でも、遺言を書いておくことをおすすめします。

なお、遺言は原則として15才以上であれば、作成できます。

参照　被相続人 152 ページ、法定相続分 162 ページ、遺産分割協議 172 ページ

特に遺言を書いておいたほうがよい場合

相続人の関係が複雑であるとか、相続人のうちの1人に家業を継がせたいと思う場合など、被相続人の死後、トラブルが予想される場合は、ぜひ、遺言書を作成しておきましょう。

子どもがいない夫婦	配偶者に全財産を相続させたい場合、「妻に全財産を相続させる」と遺言しておけば、被相続人の父母が**遺留分**を主張しても全財産の6分の5を相続させることができる。相続人が被相続人の兄弟姉妹の場合、遺留分はゼロなので、全財産が配偶者に渡る。
内縁関係の相手に財産を譲りたい	法律上の婚姻関係にない相手に相続権はない。内縁の相手に財産を譲るには遺言が必要。
相続関係が複雑	再婚をしていて、現在の妻にも先妻にも子どもがいる場合、子どもに法定相続分とは異なる相続をさせたい場合は、相続分や財産の分割方法を指定しておく。
認知した子がいる	**非嫡出子**の法定相続分は嫡出子と同等。これと異なる相続にしたい場合、遺言で相続分や財産の分割方法を指定しておく。
認知していない子がいる	生前に**認知**できなかった子どもを遺言によって認知しておけば、子どもは相続権を得ることができる。胎児も認知できる。
相続人がいない	相続人がいないと財産は国庫に帰属する。特定の人や団体に**遺贈**するとか、寄付するなど、財産の処分の仕方を遺言しておく。
相続権のない人に財産を譲りたい	特に世話になった子どもの配偶者や知人などに財産を贈りたい場合、また、相続人でない孫や兄弟姉妹にも譲りたい場合に、遺言で譲ることができる。
家業の後継者を指定したい	家業を継続させたいというときは、後継者を指定し、その人が経営の基盤となる土地や店舗、工場、農地、同族会社の株式などを相続できるようにしておく。

参照 遺留分22ページ、非嫡出子78、149ページ、認知136ページ、遺贈28ページ

法的に効力のある遺言の内容

POINT

- 遺言書には何を書いてもよいが、法律上、効力を有する遺言事項は限られている。
- 婚姻や養子縁組に関する内容は認められない。

法律上、効力のある遺言事項

遺言として法的効力がある主な内容事項は、大きく分けて次の3つです。

❶身分に関すること
婚外子の認知や未成年者の**後見人**の指定、**後見監督人**の指定など。

❷財産の処分に関すること
遺贈《いぞう》や寄付、信託など、財産の処分について。

❸相続に関すること
相続分の指定とその委託、遺産分割方法の指定とその委託、遺産分割の禁止、相続人相互の担保責任の指定、**特別受益の持ち戻し**の免除、**相続人の廃除**や廃除の取り消し、遺言執行者の指定とその委託、**祭祀《さいし》承継者**の指定など。なお、「死後、配偶者との婚姻関係を解消する」とか、養子との「養子縁組を解消する」などといった婚姻や養子縁組に関する内容は認められません。また、連名による共同遺言も禁止されています。

自分の意思をはっきりと記しておく

遺言として法的効力のある内容以外は書いてもむだというわけではありません。遺言書を書くにあたっての心境や、相続についての考え方をはっきりと記しておくことが大事です。「こう考えて、このような相続にした」と、相続の指定についての理由を述べたり、「家族仲よく助け合ってほしい」など、残された家族への思いを記すことは、相続トラブルを防ぐためにも意味があります。

参照　後見人 124 ページ、後見監督人 124 ページ、特別受益の持ち戻し 26、128 ページ、相続人の廃除 53 ページ、祭祀承継者 96 ページ

法的に遺言できることの内容

身分に関すること	子の認知	婚姻関係にない相手との子との親子関係を認めること。胎児に対してもできる。
	未成年者の後見人・後見監督人の指定	**推定相続人**に親権者のいない未成年者がいる場合、後見人の指定をすることができる。さらに後見人を監督する後見監督人の指定ができる。
財産の処分に関すること	財産の遺贈	財産を相続人以外の人に贈与することができる。
	財産の寄付	財産を寄付する、財団法人を設立するなどができる。
	信託の設定	財産を指定した信託銀行等に預けて、管理、運用してもらうことができる。
相続に関すること	相続分の指定とその委託	法定相続分とは異なる各相続人の相続分を指定することができる。また、第三者に相続分の指定を委託することができる。
	遺産分割方法の指定とその委託	財産をどのように分けるか、具体的な遺産分割の方法を指定することができる。また、第三者に分割方法の指定を委託することができる。
	遺産分割の禁止	相続開始から最長５年以内であれば、財産の分割を禁止することができる。
	相続人相互の担保責任の指定	相続後の相続人同士による担保責任を軽減したり、加重したりできる。
	特別受益の持ち戻しの免除	相続分から差し引かれる生前贈与や遺贈などによる特別受益分を、考慮に入れないように免除することができる。
	相続人の廃除や廃除の取り消し	相続人の廃除をしたり、廃除を取り消したりできる。
	遺言執行者の指定とその委託	遺言内容を実行させるための遺言執行者を指定しておくことや、第三者に指定を委託することができる。
	祭祀承継者の指定など	先祖の祭祀を主宰する人、墓や仏壇などを受け継ぐ人を指定できる。
	遺留分侵害額の負担順序の指定	**遺留分の侵害額請求**を受けた際の負担額の順序は指定できる。

参照 推定相続人 53 ページ、遺留分の侵害額請求 23 ページ

遺留分とは？

POINT

- 「遺留分」は法で保障された、遺族が受け取れる最低限度の相続分。
- 遺言では遺留分についての配慮が必要。

相続人としての権利や利益を守るための規定

遺産相続では「**法定相続**よりも遺言による相続が優先される」という大原則がありますが、ここで注意しなければならないのが「遺留分《いりゅうぶん》」です。

たとえば、特定の相続人や第三者にすべての財産を譲る、といった内容の遺言であった場合、遺言に従うと本来は遺産を受け継ぐ権利のある人が、全く受け取れないことになってしまいます。

つまり、遺言の内容によっては、配偶者や子などの遺族が、法定相続人としての権利と利益を侵されてしまうこともあるのです。

民法では、遺族の法定相続人としての権利や利益を守るために、遺族が相続できる最低限度の相続分を「遺留分」という形で規定しています。被相続人が特定の相続人や第三者に贈与または**遺贈**《いぞう》をし、それによって相続人の遺留分が侵害された場合、侵害された相続人は贈与または遺贈を受けた相手に対して、遺留分侵害額に相当する金銭の支払いを請求することができます。この権利を「遺留分侵害額請求権」といいます。

遺留分を算定するための財産の価額に算入するのは被相続人が相続時に有した財産だけではありません。**生前贈与**の額も含まれます。第三者への生前贈与は原則として1年以内になされたものが対象です。相続人に対する生前贈与は、特別受益に該当する贈与（26ページ参照）で、10年以内になされた贈与が対象です。ただし、いずれも、贈与する側と受け取る側の双方が遺留分を侵害していることを知ってなされた場合には、期限より前になされたものであっても対象になります。

ただ、遺留分を侵害した内容の遺言であっても、侵害された相手から遺留分の侵害額請求をされなけ

参照 法定相続 162ページ、遺贈 28ページ、生前贈与 184ページ

れば相続は遺言どおり執行されます。

遺留分が認められる範囲

遺留分が認められているのは、被相続人の配偶者、**直系卑属**（子、孫、ひ孫など）、**直系尊属**（父母、祖父母、曾祖父母など）についてだけです。被相続人の兄弟姉妹には認められていません。

遺留分の割合は相続人がだれかということと、その組み合わせ（24ページ参照）によって異なります。

遺留分の放棄

遺言者が遺言書に「遺留分の放棄をすること」などと記しても、法的には無効です。遺留分の放棄は相続人本人の意思でなければできません。

遺留分の放棄は、相続開始後（被相続人の死後）であれば自由にすることができます。被相続人の生存中にも放棄することができますが、その場合は、**推定相続人**本人が家庭裁判所に申し出て、許可を得なければなりません。

memo

遺留分の侵害額請求

遺贈や贈与によって遺留分を侵害された場合は、侵害している相手に「遺留分侵害額請求」を行います。遺留分侵害額請求に決められた手続きはありません。

侵害している相手に「遺留分侵害額請求」の意思表示をすればよいのです。

相手が応じない場合は、家庭裁判所に家事調停の申し立てをするか地方裁判所に訴訟を提起します。

侵害額請求は相続の開始および遺留分を侵害する贈与または遺贈があったことを知ったときから1年以内、相続開始後10年以内に行わないと、請求権が消滅してしまいます。

２０１８年の法改正で、遺留分を侵害された人は、侵害額に相当する金銭支払いを請求できることに。これにより、共有を回避することができるようになりました（２０１９年7月1日施行）。また、遺留分侵害額請求を受けた人が、すぐに金銭を準備することができない場合、裁判所に対し、期限の猶予を求められるようになりました。

遺留分侵害額の負担の順序は、遺贈または贈与を受けた額を上限として、贈与を受けた人よりも遺贈を受けた人から先に負担することになっています。

参照 直系卑属 156 ページ、直系尊属 156 ページ、推定相続人 53 ページ

相続人の組み合わせと遺留分の割合（例）

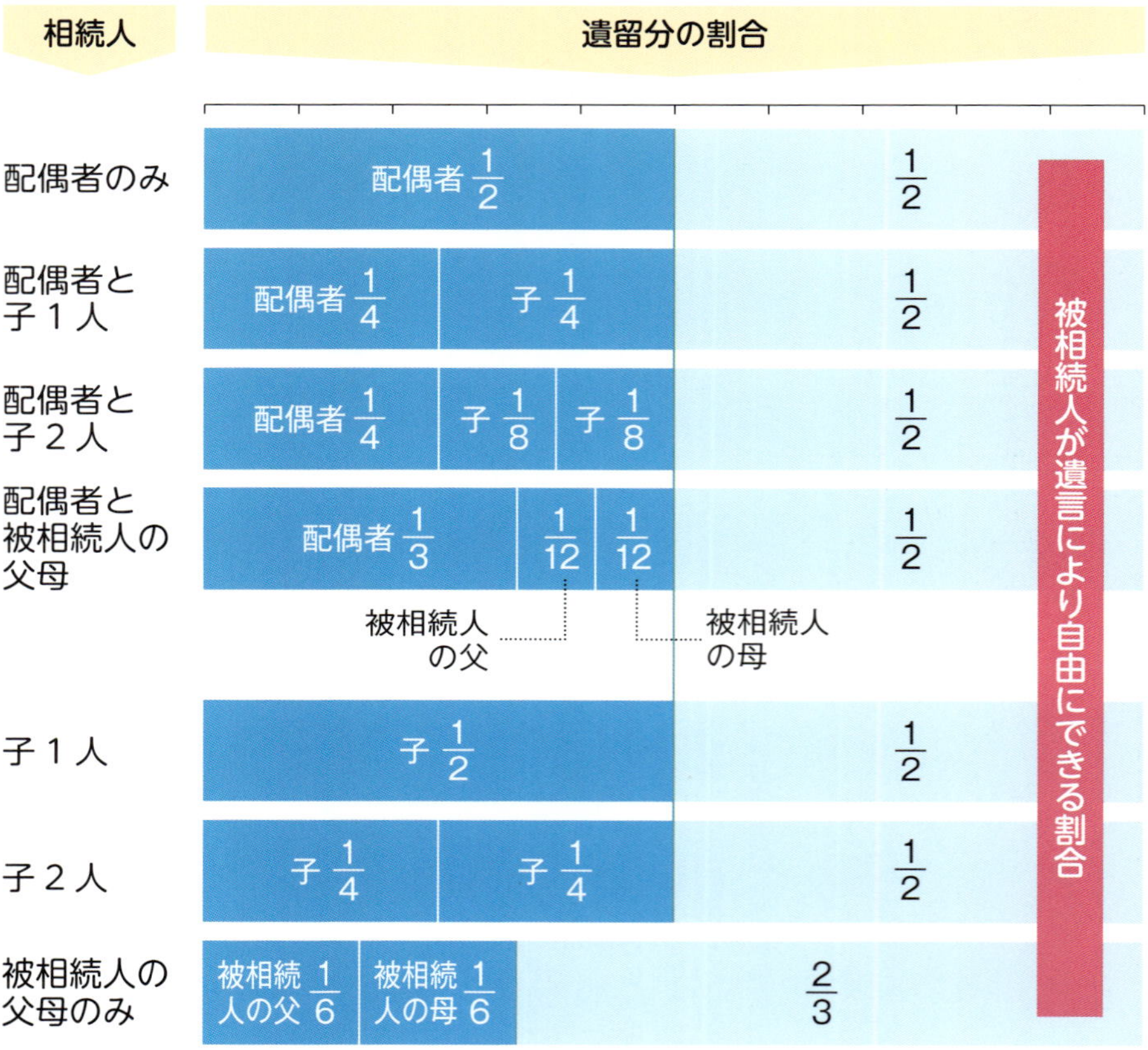

※ 相続人が被相続人の兄弟姉妹のみの場合は遺留分はないので、すべて自由にできる。
※ **相続人の廃除**をされた人、**相続欠格**の人、**相続放棄**をした人には遺留分侵害額請求権はない。

遺留分の計算

侵害された遺留分の額は、次の計算で求めます。

遺留分算定の基礎となる財産「相続財産＋特別受益等」 × 遺留分の割合 － 実際に受け取った相続財産＋特別受益額 ＝ 侵害された額

参照　相続人の廃除 53 ページ、相続欠格 180 ページ、相続放棄 169 ページ

遺留分放棄の許可の申立書

1枚目には遺留分を放棄する人（申立人）と、被相続人について記入します。2枚目には遺留分を放棄する理由を書きます。申立先は被相続人の住所地の家庭裁判所。

受付印

家事 審判（○）／調停 申立書 事件名（遺留分放棄の許可）

この欄に申立手数料としての収入印紙をはる（はった印紙に押印しない）。
（1件について甲類審判　８００円分
乙類審判１，２００円分
調　　停１，２００円分）
（注意）登記手数料としての収入印紙を納付する場合は，登記手数料としての収入印紙は，はらずにそのまま提出する。

貼用収入印紙	円
予納郵便切手	円
予納収入印紙	円

準口頭		関連事件番号　令和　　年（家　　）第　　号

東京 家庭裁判所 御中 令和 2 年 10 月 5 日	申立人（又は法定代理人など）の署名押印又は記名押印	山崎和子 印（山崎）

添付書類	申立人の戸籍謄本１通　被相続人の戸籍謄本１通 財産目録１通

申立人	本籍	（戸籍の添付が必要とされていない申立ての場合は，記入する必要はありません。） 東京 都（○）道府県 練馬区高松○丁目○番
	住所	〒 171 － 0044　電話 03（1234）6789 東京都豊島区千早町○丁目○番○号（　　方）
	連絡先	〒　－　電話（　） （　　方）
	フリガナ 氏名	ヤマザキ　カズコ 山崎　和子　大正／昭和（○）／平成 35年 12月 11日 生
	職業	無職
※ 被相続人	本籍	（戸籍の添付が必要とされていない申立ての場合は，記入する必要はありません。） 東京 都（○）道府県 大田区上池台○丁目○番○号
	住所	〒 145 － 0064　電話 03（9876）4321 同　上
	連絡先	〒　－
	フリガナ 氏名	カワカミ　ケンイチ 河上　健一
	職業	会社経営

（注）　太枠の中だけ記入してください。　※の部分は，申立人，相
の区別を記入してください。

申立ての趣旨

被相続人河上健一の相続財産に対する遺留分を放棄することを許可する旨の審判を求めます。

申立ての実情

1　申立人は被相続人の長女です。
2　申立人は、被相続人から、アメリカの留学資金、結婚資金、住宅取得資金等の十分な援助を受けております。
3　申立人は以上の理由により、被相続人の相続をする意思がなく、相続開始前において遺留分を放棄したいため、申し立ての趣旨どおりの審判を求めます。

※申立書および添付書類については、裁判所ウェブサイトにおいて最新の情報を確認してください。

特別受益者と特別寄与者

特別受益者

POINT

- 生前贈与分は特別受益として相続財産にプラス（特別受益の持ち戻し）される。
- 特別受益の持ち戻しは遺言で免除できる。
- 結婚20年以上の夫婦間の自宅の贈与は特別受益とみなされなくなった。

特別受益の対象は結婚資金、独立資金、多大な学費、住宅資金など

被相続人から遺贈《いぞう》を受けたり、被相続人の存命中に特別な贈与を受けたなど、特別の利益を受けた相続人を「特別受益者《とくべつじゅえきしゃ》」といいます。

相続人の中に特別受益者がいる場合、特別受益分（遺贈や贈与を受けた財産分）を考えずに遺産を分割すると、他の相続人との間に不公平が生じます。

民法では、何も贈与されなかった相続人との公平を考えて、特別受益分を相続財産の前渡しとみなし、相続財産の価値に加えたうえで特別受益者の相続分から差し引きます。これを「特別受益の持ち戻し」といいます。相続分から特別受益を差し引いた結果、他の相続人の遺留分を侵害している場合は、侵害した分を他の相続人に渡さなければならないこともあります。ただし、特別受益者以外の相続人全員が遺産の分割に際して「特別受益分は考慮しない」と認めた場合は、財産に含めなくてもかまいません。また、遺言書に「特別受益の持ち戻しは免除する」と書いておけば、持ち戻しは免除されます。２０１８年の法改正により、結婚20年以上の夫婦間で居住用不動産の遺贈または生前贈与がなされた場合には持ち戻し免除の意思表示と推定され、特別受益とみなされなくなりました（２０１９年7月1日施行）。

特別受益の持ち戻しの対象となる贈与は、結婚資金、養子縁組のための費用、独立開業資金などの援助、多大な学費、住宅資金の援助などです。

特別寄与者

POINT

- 被相続人の財産の維持、増加に特別に貢献した人が特別寄与者（親族）。
- 相続分とは別枠で特別寄与分が認められる。

トラブルのもとになりがちな寄与分

被相続人の事業を手助けしたり、被相続人の療養看護に努めるなどして、被相続人の財産の維持や増加に特別に貢献してきた人（特別寄与者《とくべつきよしゃ》という）がいれば、その人には法定相続分とは別枠で、寄与相当の相続分である寄与分の請求ができます。実際に寄与分が認められるのは、その人の特別な貢献によって被相続人の財産の維持ないし増加がはかられた、と客観的に判断されたときです。被相続人と同居して世話をしてきたとしても、親子であれば扶養の義務があるので、通常の世話や介護は寄与とは認められません。寄与分を認めるか認めないか、またはどの程度認めるかなどは、協議で決めます。寄与した人が寄与分を主張する場合は客観的な資料（証拠）を示す必要があるでしょう。

なかなか話がまとまらないときは、寄与をした人が家庭裁判所に請求をして決定してもらいます。家庭裁判所では、寄与の時期や方法、程度、遺産の額などを考慮して寄与分の額を決めます。

寄与分が認められた場合は、相続財産から寄与分を差し引き、残りの分を相続財産として分割します。

遺言に特定の相続人の「寄与分」について、指定しておいても、法的に効力はありませんが、相続人同士の話し合いのときに参考にされることもあるでしょう。

２０１８年の法改正で相続人以外の被相続人の親族が無償で被相続人の療養看護などを行った場合には、相続人に対して金銭を請求できるようになりました。たとえば、「看護人を雇うかわりに義父の看護に努めた息子の嫁」は、義父が亡くなった場合、夫のきょうだいなどの相続人に支払い請求できます。請求には期限があり相続および相続開始を知った日から6カ月または相続開始のときから1年以内です（２０１９年7月1日施行）。

遺贈とは？

POINT

- 遺贈は相続人以外の人や法人にもできる。
- 遺贈には「特定遺贈」と「包括遺贈」がある。
- 条件付きの遺贈「負担付遺贈」もできる。
- 遺贈は遺言者の死後、放棄できる。
- 遺贈は遺留分への配慮が必要。

遺言による贈与が遺贈

遺言により財産を贈与することを遺贈《いぞう》といいます。遺贈は相続人に対してもできますし、相続権を持たない人や法人などに対してもできます。遺贈により財産を受け取る人を「受遺者《じゅいしゃ》」といいます。

遺贈には、特定の財産を遺贈する「特定遺贈」と、「遺産の全部や何割を譲る」といった、遺産に対する割合で指定する「包括遺贈」があります。

相続人以外の人に包括遺贈をした場合、包括遺贈を受けた人（包括受遺者）は、財産に対して相続人とほとんど同じ義務と権利を持つことになります。

つまり、プラスの財産のみではなく、借金などのマイナスの財産も指定された割合で受け継ぐことになります。また、受遺者は相続人全員による財産の**遺産分割協議**に加わることができます。

遺贈は遺言者の死後、放棄できる

遺言は遺言者が亡くなったときから効力が生じるので、遺言者（被相続人）が生きている間は遺贈を放棄することができませんが、死亡後は放棄することができます。受遺者が遺贈を放棄した場合、財産は相続人が受け取ることになります。

たとえば、遺贈された財産に対する相続税が負担に思えるような場合や、包括遺贈でプラスの財産よりもマイナスの財産が多い場合などは、遺贈を放棄すればよいのです。

特定遺贈の放棄には特別な手続きはいりません。

参照　遺産分割協議 172 ページ

遺言者の死亡後、相続人や、遺言執行者などの遺贈を行う義務を持った人に通知すればよいのです。

一方、包括遺贈の放棄は、相続放棄と同じように手続きしなければなりません（168ページ参照）。ただし、いったん放棄をしたら、原則的に取り消すことはできません。

また、受遺者が遺言者よりも先に亡くなってしまった場合は、受け取る権利は消滅します。受遺者に子どもや親などがいても、その権利を相続することはできません。

条件付きの遺贈もできる

たとえば「母親に生活費を渡すことを条件に、自宅の土地、建物を長男に譲る」というように、条件をつけて遺贈することもできます。これを「負担付遺贈」といいます。

受遺者は、遺贈された財産の価額を超えない範囲で、負担した条件の義務を負うことになります。

受遺者は遺贈を放棄することができるので、負担付遺贈をする場合は、相手が受けてくれるかどうか、検討する必要があるでしょう。受遺者が遺贈を放棄した場合は、負担付遺贈によって利益を得るはずだった人（受益者）が、その財産を受け取ることができます。

また、受遺者が財産を受け取りながら負担を果たさなかった場合は、遺言が無効になるわけではありません。

この場合、まず、相続人が相当の期間を定めて受遺者にその負担を果たすように求めます（催告《さいこく》という）。その期間内に負担が果たされないときには、家庭裁判所に、その負担付遺贈に関する「遺言の取り消し」を請求することができます。

遺贈は遺留分を侵害しないように

遺贈をする場合は、他の相続人の**遺留分**について配慮が必要です。遺留分を侵害している場合は侵害額請求されることも考えられます。

相続人に遺贈をする場合、相続人は法定相続分とは別に遺贈された財産を受け取れるのではなく、**特別受益**として扱われます。

参照 遺留分 22 ページ、特別受益 26 ページ

遺言の方式

POINT

- 遺言は必ず文書にする。
- 遺言書には法律で決められた方式がある。
- 遺言の書き方には一定の要件が決められていて、従わないと法的に無効になる。

民法の規定による遺言の方式

遺言は必ず文書にしなければなりません。文書の仕方には民法による決められた方式があり、それに従って作成しないと、法的に無効になってしまいます。遺言の方式には大別して普通方式と特別方式がありますが、一般には普通方式で作成されます。

普通方式には3種類がある

普通方式の遺言には次の3種類があります。

❶自筆証書遺言（民法968条）
❷公正証書遺言（民法969条）
❸秘密証書遺言（民法970条）

それぞれ特徴があるので、自分にはどの方式が合っているのか、よく考えて選ぶようにしましょう。

特別な事情の場合の特別方式

特別方式には次の2種類があり、それぞれが左ページの表のように分かれています。

❶危急時遺言（臨終遺言）
❷隔絶地遺言

特別方式の遺言は、病気や事故などで死が間近に迫っているような場合や、感染症病棟内や航海中の船舶内などの隔絶されたところにいる場合など、特別な事情に置かれた際に行われる方式です。

遺言を作成したあとで状況が変わり、普通方式の遺言が作成できる状態になり、6カ月以上経過して生存している場合、作成した遺言は無効になります。

遺言の方式の種類

- 遺言
  - 普通方式
    - 自筆証書遺言（32ページ）
    - 公正証書遺言（38ページ）
    - 秘密証書遺言（44ページ）
  - 特別方式
    - 危急時遺言（臨終遺言）
      - 一般危急時遺言
      - 難船危急時遺言
    - 隔絶地遺言
      - 一般隔絶地遺言（伝染病隔絶地遺言）
      - 船舶隔絶地遺言

普通方式の遺言の種類と特徴

	自筆証書遺言	公正証書遺言	秘密証書遺言
作成場所	自由	公証役場	自由
作成方法	本人が自筆（財産目録はパソコンなどでの作成も可）	公証人が口述筆記（パソコン可）	本人（自筆、代筆、パソコン可）
証人・立会人	不要	2人以上の証人の立ち会い	2人以上の証人と公証人
費用	かからない	作成手数料がかかる	公証人の手数料が必要
署名・押印	ともに必要。押印は実印、認め印、拇印のいずれも可	本人の署名・実印による押印、証人、公証人の署名・押印が必要	本人（遺言書・封紙に署名・押印）、証人・公証人（封書に署名・押印）
封印	不要	不要	必要
秘密保持	できる	遺言内容、遺言したことが知られる	遺言したことは知られるが遺言内容は秘密にできる
短所	方式、内容によっては無効になる可能性もある。死後、発見されなかったり、紛失、改ざんなどのおそれもある	費用がかかる。証人、作成準備が必要	遺言の存在は明確にできるが、方式、内容によっては無効になる可能性もある
死亡後の家庭裁判所の検認	必要（法務局に保管されていた場合、検認は不要）	不要	必要

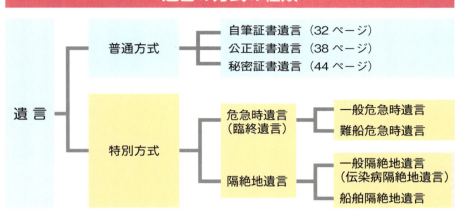

自筆証書遺言

POINT

- 必ず全文、日付、氏名を自筆で書く。
- 法改正により、財産目録については自筆でなく、パソコン作成等でもよくなった。不動産の登記事項証明書の写し、預貯金の通帳コピーを添付してもよい。
- 押印も必要。
- 日付、氏名、押印のいずれか1つでも欠けると無効になる。
- 加除訂正にも決められた方式がある。
- 死後は原則として、家庭裁判所の検認が必要。

一定の条件を満たしていないと無効になる

いつでも、どこでも本人の自由に作成することができるのが「自筆証書遺言《じひつしょうしょいごん》」です。証人の必要もないので、遺言の内容も、遺言書を作成したことも秘密にしておくことができます。

ただし、書式や内容について、一定の条件を満たしていないと法的に無効になってしまうので、作成には細心の注意が必要です。

また、遺言書が死後、発見されなかったり、紛失や第三者の手によって偽造、改ざんされるおそれもあります。死後は家庭裁判所に提出して**検認《けんにん》**の手続きを受けなければなりません。

ただし、2020年7月10日より施行される遺言書保管法により、法務局で保管されている自筆証書遺言は検認は必要ありません。

自筆証書遺言は名前のとおり、全文を必ず自筆で書かなければなりません。代筆やパソコンで作成されたものは効力を持ちません。もちろん、テープに録音したものやビデオに録画したものも無効です。

法改正により、財産目録については自筆でなくパソコン作成等でもよくなりました。ただし、1枚ごとに署名、押印の必要があります。

参照 検認 48、56 ページ

日付、氏名も自筆で書き、押印します。日付、氏名、押印のいずれか一つが欠けても無効とされます。

日付は「○年○月○日」でなくても、「満○才の誕生日」というような書き方でも、日付が特定されれば認められます。年は元号でも西暦でもかまいません。ただし、「○年○月」のように、日の記載がない場合は無効になってしまいます。

署名は戸籍上の実名に限らず、遺言者が特定できれば、通常使用しているペンネームや芸名、雅号などでも有効です。

押印の印鑑は実印でなくともよいとされています。認め印でもかまいません。拇印も認められていますが、できれば避けましょう。

書き間違いや内容を書き直すなど、加除訂正《かじょていせい》する場合は、法律で決められた方式を守らないと、無効になってしまいます。

たとえば字を間違えたときは、間違えた文字を線で消し、押印し、「○行目の○字を訂正し、○字加入（削除）」などのように、欄外に訂正したことを記入し、署名しなければなりません。

用紙、筆記用具に制限はない 封印をする、しないも自由

遺言書の用紙や筆記用具に制限はありませんが、用紙は保存に耐えるものが望ましいでしょう。大きさも規定はありませんが、家庭裁判所では検認の際にコピーをとるので、A4やB5などのサイズがよいでしょう。

筆記用具にも規定はありません。ボールペン、筆、サインペンなどのいずれでもかまいませんが、改ざんのおそれのある鉛筆は避けましょう。

書き上げた遺言書は封筒に入れて「遺言書在中」と上書きします。封印をするかしないかは自由ですが、変造・汚損を防ぐ意味でも封印をしておいたほうがよいでしょう。ただし、**公正証書遺言**《こうせいしょうしょいごん》以外の封印された自筆証書遺言や秘密証書遺言などの遺言書は、死後、家庭裁判所での検認の手続きの際に、すべての相続人に立ち会いの機会を与えたうえでないと、開封できないことになっています。

なお、「自筆証書遺言」の詳しい作成方法については、パート2を参照してください。

参照 公正証書遺言 38ページ

自筆証書遺言の一般的な例

遺言書

遺言者田中一郎は、この遺言書により次のとおり遺言する。

一　妻田中春子には次の財産を相続させる。

（1）東京都中野区○○町○丁目○番○
宅地　○○○・○平方メートル

（2）同所同番地○所在
家屋番号　○番○
木造スレート葺二階建居宅
床面積　一階○○・○平方メートル
二階○○・○平方メートル

（3）前記家屋内にある什器備品その他一切の動産

（4）○○銀行○○支店の遺言者名義の普通預金・定期預金の全額

（5）ゆうちょ銀行の遺言者名義の貯金全額

自筆証書遺言作成のポイント

❶全文、日付、氏名を自筆で書く。縦書きでも横書きでもかまわない。自筆であれば外国語でもよいとされています。

❷タイトルの「遺言書」「遺言状」などはなくてもかまわないが、あるほうが遺言として明確になります。

⑥ この行弐字加入 田中一郎

二 長男田中太郎には遺言者の経営する○○商店の後継者として事業経営をしてもらうために、次の財産を相続させる。

(1) 東京都新宿区○○町○○丁目○番○

宅地　○○○平方メートル

(2) 同所同番地○所在

家屋番号　○番○

鉄筋コンクリート造陸屋根二階建店舗

(3) 遺言者名義の○○株式会社株式　○○万株

三 長女山下薫には次の財産を相続させる。

(1) ○○銀行○○支店の遺言者名義の定期預金全額　(田中)

四 この遺言の遺言執行者に妻春子の兄の山田孝を指定する。

③ 令和○年○月○日

④ 東京都中野区○○町○丁目○番

遺言者　田中一郎　(田中) ⑤

③日付、署名、押印は必須。

④遺言者の住所は書かなくてもよいが、書いたほうが遺言者が明確になります。

⑤署名の下の印は認め印でもかまいません。

⑥加除訂正《かじょていせい》も規定の方式に従います。加除訂正した部分に押印し、余白に訂正したことを記入して署名。印鑑は署名の下に押したものを使います。

※詳しい自筆証書遺言作成方法は60ページ参照。

自筆証書遺言に目録をつける例

遺言書

遺言者田中一郎は、この遺言書により次のとおり遺言する。

一　妻田中春子には、次の財産を相続させる。

(1)　別紙物件目録1(1)記載の土地

(2)　別紙物件目録2(1)記載の建物

(3)　別紙物件目録3(1)及び同(2)記載の預貯金

(4)　別紙物件目録記載の動産

二　長男田中太郎には、遺言者の経営する○○商店の後継者として事業経営をしてもらうため、次の財産を相続させる。

(1)　別紙物件目録1(2)記載の土地

(2)　別紙物件目録2(2)記載の建物

(3)　別紙物件目録4記載の株式

三　長女山下薫には、次の財産を相続させる。

(1)　別紙物件目録3(3)記載の預金

❶全文、日付、氏名を自筆で書く。縦書きでも横書きでもかまわない。自筆であれば外国語でもよいとされています。

❷財産目録は、別紙として、パソコンなどで作成した目録を添付できるようになりました。

四　この遺言の遺言執行者に次の者を指定する。

（略）

令和○年○月○日

東京都中野区○○町○丁目○番

遺言者　田　中　一　郎　㊞

❸日付、署名、押印は必須。署名の下の印は、認印でもかまいません。

物件目録

1　土地
(1)　所在　中野区○○町○丁目
　　地番　○番○
　　地目　宅地
　　地積　○○○・○平方メートル
(2)　所在　新宿区○○町○丁目
　　地番　○番○
　　地目　宅地
　　地積　○○○・○平方メートル

2　建物
(1)　所在　中野区○○町○丁目　○番地
　　家屋番号　○番○
　　種類　居宅
　　構造　木造スレート葺2階建
　　床面積　1階　○○・○○平方メートル
　　　　　　2階　○○・○○平方メートル
(2)　所在　新宿区○○町○丁目
　　家屋番号　○番○
　　種類　共同住宅
　　構造　鉄筋コンクリート造陸屋根二階建店舗
　　床面積　1階　○○・○○方メートル
　　　　　　2階　○○・○○

3　預貯金
(1)　○○銀行○○支店　普通預金・定期預金
(2)　ゆうちょ銀行　通常貯金
(3)　○○銀行○○支店　定期預金

4　株式
　　○○株式会社
　　○○万株

5　本目録1(2)の家屋内にある什器備品その他一切の動産

※不動産の登記事項証明書、預貯金の通帳コピーの添付でも可。
※1枚ごとに署名、押印する必要あり。

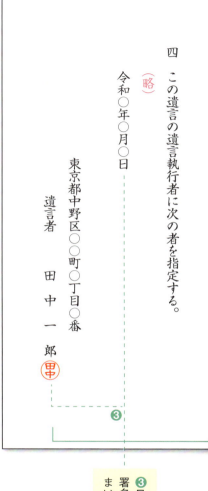

公正証書遺言

POINT

- 公証役場で証人2人以上の立ち会いのもと、遺言者が遺言内容を口述して作成するので、文字の書けない人でも作成できる。
- 遺言書は公証役場に保管される。
- 死後の家庭裁判所での検認は必要ない。

公証人に依頼して作成する遺言書

「公正証書遺言《こうせいしょうしょいごん》」は、公証役場で証人2人以上の立ち会いのもとに、遺言者が遺言事項を口述して作成する遺言書です。法的に正しい書式で遺言書を作成することができます。

公正証書遺言の作成手順は次のようになっています。まず、遺言者が口述する遺言事項を公証人が筆記し、遺言証書を作成します。次に、筆記したものを公証人が遺言者と証人全員に読んで聞かせます。遺言者と証人は、筆記が正確であることを確認のうえ、署名・押印します。最後に公証人は証書を作成した手順を付記して署名・押印します。

遺言者が病気などで署名できないときは、公証人がその理由を付記すればよいことになっています。

公正証書遺言は、遺言内容を秘密にすることはできませんが、遺言書は公証役場に保管されるので、死後、発見されないで紛失してしまったり、破棄されたり、内容が改ざんされたりするおそれはありません。一度作成した公正証書遺言を取り消したり、変更したりすることもできます。

死後、家庭裁判所での検認《けんにん》の手続きがいらないことも、公正証書遺言の長所のひとつでしょう。公正証書遺言であれば、遺言者の死後、遺族はすぐに開封して内容を確認することができます。

公証人に出張してもらうこともできる

遺言者が病気で、本人が公証役場に出向けない場

参照 検認 48、56 ページ

合は、公証人に自宅や病院に出張してもらうこともできます。ただし、公証人に出張してもらっても、遺言者は遺言内容を口述するのが決まりなので、口述できない状態では公正証書遺言を作成することはできません。出張の場合は作成手数料が通常の1・5倍になるほか、日当、交通費（実費）が必要です。

なお、聴覚・言語機能障害者の場合は、手話または筆談による公正証書遺言の作成が可能です。

公正証書遺言作成の手順

公証役場は全国に約300カ所あります。公証役場での相談は無料なので、公正証書遺言を作成したい場合は、まず相談に行くとよいでしょう。公証人には守秘義務があるので相談内容が漏れる心配はありません。

公正証書遺言作成時に必要なものは、まず実印と印鑑登録証明書です。作成時の押印には実印を使わなければいけません。そのほか、遺言者と相続人の関係がわかる戸籍謄本、遺言の内容によって、**遺贈**《いぞう》する場合は**受遺者**《じゅいしゃ》（遺贈を受ける人）の住民票、被相続人の不動産の登記事項証明書、固定資産評価証明書、財産の目録など、必要な書類は異なります。作成前に十分な確認と準備をしておきます。

遺言内容を漏らさない、信頼できる人2人に、証人を依頼します。証人を依頼できる人が思い当たらないときは、公証人が紹介してくれます。証人2人の身分証明書と認め印も必要です。

遺言の内容が複雑な場合は、作成前に税理士や弁護士などの専門家に相談するとよいでしょう。

memo

証人の条件

公正証書遺言や秘密証書遺言などの作成では、証人が必要ですが、証人になれる人には条件があります。次のような人は証人の資格がありません。

❶未成年者
❷推定相続人、遺言によって相続を受けることになる人（受遺者）および、その配偶者と直系血族
❸公証人の配偶者、四親等以内の親族、書記、雇い人

一般には、前記に該当しない親戚、知人、弁護士、税理士などに証人を依頼することが多いようです。

参照 遺贈28ページ、受遺者28ページ

原本は公証役場に保管される

公正証書遺言は原本と、原本の写しである正本、謄本の3通が作成されます。正本、謄本が遺言者に渡され、原本は法律では作成から20年間の保管が定められていますが、遺言者が120才になるまでの期間、公証役場に無料で保管されます。万一、正本を紛失しても再交付を受けることができます。

また、公正証書遺言には「遺言書検索システム」があり、作成すると、遺言者の氏名、生年月日、証書の日付、番号などが日本公証人連合会の本部でデータ管理されます。

これにより、公正証書遺言が作成されているか、作成されているとすればどこの公証役場かなどの検索が可能です。

これらの照会ができるのは公証人だけで、遺言者本人や、遺言者の死後は相続人などの利害関係人のみが、公証人に照会を依頼することができるようになっているので、プライバシーを守ることができます。

作成手数料は法によって決められている

公正証書遺言を作成する際の費用（手数料）は、法によって決められていて、全国どこの公証役場でも同じです。

その手数料は、相続人や受遺者《じゅいしゃ》が取得する財産の額や、相続人や受遺者の人数によって変わります。

memo

公証人とは？

公証人は、裁判官、検察官、法務局長など、原則として30年以上の実務経験を有する法律関係者の中から選ばれ、法務大臣が任命する公務員です。このほか、長年法務事務に携わり、これに準ずる学識経験を有する者で、検察官・公証人特別任用等審査会の選考を経た者も任命できることになっています。

公証人は法務局または地方法務局に所属し、全国各地にある公証役場で、「公証人法」により仕事を行っています。主な仕事には、❶公正証書の作成、❷私文書の証明（本人が作成したことを証明する）、❸証書が作成された日付の証明、などがあります。

公正証書遺言作成の手数料

目的価格	手数料
100 万円まで	5,000 円
100 万円を超え 200 万円まで	7,000 円
200 万円を超え 500 万円まで	11,000 円
500 万円を超え 1,000 万円まで	17,000 円
1,000 万円を超え 3,000 万円まで	23,000 円
3,000 万円を超え 5,000 万円まで	29,000 円
5,000 万円を超え 1 億円まで	43,000 円
1 億円を超え 3 億円まで	43,000 円に 5,000 万円超過するごとに 13,000 円を加算
3 億円を超え 10 億円まで	95,000 円に 5,000 万円超過するごとに 11,000 円を加算
10 億円超	249,000 円に 5,000 万円超過するごとに 8,000 円を加算

※遺言の場合の目的価格は、相続人、受遺者ごとに受け取る財産の価額を算定して合計した額。不動産は固定資産税評価額を基準に評価する。

※相続、遺贈額が 1 億円までのときは、11,000 円を加算する。
たとえば相続人が 1 人で相続財産が 5,000 万円であれば、「29,000 円 +11,000 円」で、手数料は 40,000 円となる。相続人が 3 人で相続財産が 1 人 2,000 万円であれば、「23,000 円× 3（人）+11,000 円」で、手数料は 80,000 円となる。

※公証人が病院などに出張して公正証書を作成するときは、目的価格による手数料が 5 割増しになり、日当、交通費（実費）もかかる。

※遺言の全部または一部を取り消すときの公正証書作成手数料は 11,000 円。

公正証書遺言の一般的な例

令和○年　第○○○○○号

❶遺言公正証書

本職は遺言者田中一郎の嘱託により、証人山本和夫、証人川口幸三の立ち会いのもとに左の❷遺言の趣旨の口授を筆記しこの証書を作成する。

❸遺言の趣旨

壱、遺言者は遺言者の所有する財産中、次の財産を遺言者の妻田中春子に相続させる。

一　土地

東京都千代田区神田駿河台二丁目○番

宅地　二三五平方メートル

（遺言内容中略）

以上。

❹本旨外要件

東京都千代田区神田駿河台二丁目○番

職業　会社役員

公正証書遺言作成のポイント

❶作成される書類は「遺言公正証書」。

❷遺言者が口述した遺言内容を公証人が筆記して作成。全国どこの公証役場でも作成できます。遺言者が病気などの理由で出向けないときは、公証人に出張してもらうこともできます。

❸遺言内容を列記。

❹遺言内容を列記したあと、本《ほん》旨《し》外《がい》要《よう》件《けん》として遺言者の住所、氏名、生年月日等を記載。

遺言者　田中一郎
昭和十五年四月十日生
❺右は印鑑証明の提出により人違いでないことを証明させた。
東京都中野区中央六丁目○番○号
証人　山本和夫
昭和二十三年○月○日生
東京都中央区月島七丁目○番○号
証人　川口幸三
昭和二十五年○月○日生
右遺言者および証人に読み聞かせたところ、❻各自筆記の正確なことを承認し、左に署名捺印する。
遺言者　田中一郎　（印：田中）
証人　山本和夫　（印：山本）
証人　川口幸三　（印：川口）❼
この証書は民法第九六九条第壱号ないし第四号所定の方式に従い作成し、同条五号にもとづき左に署名捺印する。
令和○年五月七日　本職役場において
東京都千代田区○○町○番○号
東京法務局所属
公証人　佐藤文也　（印：佐藤）

❺遺言者が本人であることを確認。証人を明記。

❻公証人が筆記した内容を読み聞かせ、遺言者、証人が署名、押印。

❼印鑑は実印でなければなりません。

秘密証書遺言と一般危急時遺言

秘密証書遺言

POINT

- 遺言書の内容の秘密を守りながら、遺言の存在を明確にできる。
- 本文は代筆、パソコン作成でもOKだが、署名は自筆に限る。
- 死後、家庭裁判所の検認の手続きも必要。

遺言書作成の事実が公証役場に記録される

遺言内容の秘密を守りながら、遺言書の存在を明確にできる方式が「秘密証書遺言《ひみつしょうしょいごん》」です。

秘密証書遺言の本文は代筆でもパソコン作成でもかまいませんが、署名だけは自筆でなければなりません。押印、日付も必要です。加除訂正《かじょていせい》については自筆証書遺言同様、厳密な方法が要求されます。

遺言者は作成した遺言書を封筒に入れて、遺言書に押印した印鑑と同じ印鑑で封印します。封印した遺言は、公証役場で、証人2人以上の立ち会いのもとに公証人に提出し、自分の遺言である旨と、住所、氏名を申し述べます。

公証人は遺言者の申し立てと日付を封紙（封筒）に記載し、遺言者、証人とともに署名・押印します。

こうしてでき上がった秘密証書遺言は本人が持ち帰ります。公証役場には、遺言者がその日、秘密証書遺言を作成した事実が記録されます。

死後は家庭裁判所での検認が必要

死後は自筆証書遺言同様、家庭裁判所での検認《けんにん》を受けなければなりません。自筆証書遺言同様、内容や方式が一定の条件を満たしていないと、死後、無効になってしまうおそれがあります。

秘密証書遺言は遺言の内容を秘密にすることはできますが、手続きが面倒であり、遺言書を紛失した

参照　加除訂正 64ページ、検認 48、56ページ

際にはむだになってしまいます。作成する場合には、弁護士や税理士などの専門家のアドバイスを受けて遺言書を書いたほうが無難でしょう。

また、死後発見されやすいように、信頼できる第三者に保管を託したほうがよいでしょう。

一般危急時遺言

POINT

- 危篤状態のときに作成する遺言。
- 遺言者の意識が確かであることが必要。
- 3人以上の証人の立ち会いが必要。

証人の1人が口述筆記をする

特別方式の中で最も事例の多いのが、危急時遺言の中の「一般危急時遺言《いっぱんききゅうじいごん》」です。一般危急時遺言は、事故や病気で死期が迫りながらも、意識がはっきりしているうちに遺言しておこうとする人が利用する方式です。口述筆記なので、遺言者が遺言内容を話せる状態でなければなりません。

作成には証人として3人以上の立会人が必要です。そのうちの1人に遺言の内容を口述筆記してもらいます。筆記はパソコンを使用してもかまいません。筆記した人は、遺言者と他の2人の証人に遺言の内容を読み聞かせます。証人全員が、その内容が正しいかどうかを確認したうえで署名・押印します。遺言者の署名・押印は不要です。

証人は遺言内容と無関係な成人に限ります。

作成後、20日以内に家庭裁判所に届ける

遺言書を作成したら、20日以内に証人の1人か利害関係人（推定相続人や受遺者《じゅいしゃ》など）が、遺言者の住所地の家庭裁判所に届け出て確認をしてもらわないと無効になってしまいます。届け出の際には遺言書の写しのほか、診断書や申立人、遺言者、証人全員の住民票謄本が必要です。死後は、家庭裁判所による検認も必要です。

なお、遺言作成後、遺言者が危篤状態から脱し、普通方式の遺言書を作成できる状況になってから6カ月を経過して生存している場合は、前に作成した一般危急時遺言は無効になります。

遺言を撤回・変更したいとき

POINT

- 撤回・変更はいつでもできる。
- 遺言の変更は前の遺言書の方式と同じである必要はない。
- 遺言書が複数ある場合は新しい日付のものが優先される。

死亡前の遺言はいかなる義務も権利も発生しない

遺言は遺産の相続にあたって遺言者の最終意思の確認を尊重する制度ですから、遺言者の意思であれば、いつでも、撤回したり変更したりすることができます。

遺言は遺言者の生存中はいかなる義務も権利も発生しません。たとえば遺言書に「○○銀行の定期預金は長男の一郎に相続させる」と書いたとしても、その後、遺言者が定期預金を解約して使用することもでき、解約したことで遺言は撤回したことになります。

また、遺言書に「私が所有する○○筆の掛け軸は長女の春子に相続させる」と書いたとしても、その後、遺言者が故意にその掛け軸を焼いてしまった場合は、遺言は撤回したとみなされます。

このように、遺言書に財産の処分の仕方を書いたあとでも、遺言者は財産を自由に処分することができます。

一部を変更、撤回する場合

遺言の一部を変更したり撤回する方法は、遺言書の方式によって違います。

自筆証書遺言であれば、法律で決められた加除訂《かじょてい》正《せい》の仕方（64ページ参照）に従って、遺言者が原文に手を入れることができます。

秘密証書遺言の場合は、公証人が認めて封印したものなので、遺言者であっても開封して手を入れる

参照　自筆証書遺言 32 ページ、秘密証書遺言 44 ページ

ことはできません。新たに、変更や撤回部分を記した秘密証書遺言や公正証書遺言、自筆証書遺言を作成します。

公正証書遺言の場合は、公証役場に出向いて訂正を申し出るか、新たに、変更や撤回部分を記した秘密証書遺言や公正証書遺言、自筆証書遺言を作成します。

新たに、変更や撤回を記した遺言書を作成する場合は、たとえば、部分的な撤回であれば「令和○年○月○日作成の遺言中、第四条に、長女に遺言者名義の郵便貯金全額を相続させる、とあるのを、第四条全文を削除し撤回する」のように記します。

遺言の変更、撤回をする場合は、前の遺言の方式と同じである必要はありません。

遺言のすべてを撤回する場合

遺言のすべてを撤回したい場合、自筆証書遺言や秘密証書遺言であれば破棄したり焼却します。

公正証書遺言は、公証役場に出向いて破棄の手続きをします。または、新たに撤回する旨の遺言書を作成します。新しい遺言書は自筆証書遺言でも、秘密証書遺言でも公正証書遺言でもかまいません。

2通以上あるときは日付の新しい遺言が有効

遺言書が複数ある場合は、最も新しい日付のものが有効とされる規定になっています。全面的に書き直した遺言書の場合は、日付の新しいものが有効になります。

日付の新しい遺言に前の遺言内容に抵触する内容が書かれていた場合は、その部分だけ新しい遺言が有効になり、前の遺言の残りの部分もそのまま有効になります。

不要になった遺言書は破棄する

遺言は、書いたあと、定期的に見直すことも大切です。ただ、遺言書が複数あると、死後、遺族が混乱するもとになります。

書き直して不要になった遺言書は、破棄するか焼却するなどしましょう。

参照 公正証書遺言 38ページ

遺言書の保管と死後の扱い

POINT

- 死後、発見されることが大事。
- 死後、公正証書遺言以外の封印された遺言書はかってに開封できない。
- 公正証書遺言以外は、死後、家庭裁判所に提出して検認の手続きをする。

遺言書の保管には工夫が必要

遺言書は遺言者の死後、発見されて遺言の内容が実行されなければ意味がありません。そのためには、保管方法にも工夫が必要です。自筆証書遺言や秘密証書遺言は銀行の貸金庫に保管したり、弁護士や税理士など信頼できる第三者に保管を依頼するなどしましょう。自筆証書遺言は、2020年7月より法務局の保管所に預けることもできます。

公正証書遺言は、原本が公証役場に保管されているので改ざんや紛失のおそれはありませんが、遺言書の存在自体が明らかにならなければ、死後、遺族の手に渡らないおそれがあります。本人が持っている正《せい》本《ほん》や謄本《とうほん》を発見しやすい場所に保管したり、公正証書遺言の存在を家族に知らせておくなどしましょう。

正本を弁護士や税理士などに預ける方法もあります。

秘密証書遺言以外は封筒に入れて封印しなければならないという規定はありませんが、自筆証書遺言を作成したら、秘密の保持や変造、改ざん、汚損を防ぐためにも封印しておいたほうがよいでしょう。

公正証書遺言以外は、遺言者の死後、遺言の保管者、発見者は、すみやかに遺言者の住所地の家庭裁判所に届け出て、検認の手続きをしなければなりません。

封印してある遺言書は、かってに開封することができません。遺言者の死後、家庭裁判所での検認の際に、すべての相続人に立ち会いの機会を与えたうえでないと開封できないことになっています。家庭裁判所への届け出を怠ったり、かってに開封すると、5万円以下の過料に処せられます。

遺言書検認の申立書

遺言書とともに相続人等目録のほか、遺言者の出生時から死亡時までのすべての戸籍謄本、申立人、相続人全員、受遺者全員の戸籍謄本も提出します。申立先は遺言者の最後の住所地の家庭裁判所。

受付印

遺　言　書　検　認　申　立　書

（この欄に収入印紙８００円分をはる）

（はった印紙に押印しないでください。）

収入印紙	円
予納郵便切手	円
予納登記印紙	円

準口頭		関連事件番号　令和　　年（家　　）第　　　号

東京家庭裁判所 御中 令和 2 年 9 月 1 日	申立人（又は代理人など）の署名押印又は記名押印	小林一郎 ㊞（小林）

添付書類	申立人の戸籍謄本（全部事項証明書） 1 通　遺言者の戸（除）籍謄本（出生から死亡までのもの） 1 通 相続人全員の戸籍謄本（全部事項証明書） 1 通　受遺者全員の戸籍謄本（全部事項証明書） 1 通

申立人	本籍	東京 (都)道府県 千代田区神田駿河台二丁目９番
	住所	〒 152－0035 東京都目黒区自由が丘○丁目○番○号 電話 携帯 03（1234）5678（　　方）
	フリガナ 氏名	コバヤシ イチロウ 小林 一郎 大正 (昭和) 平成 38 年 9 月 20 日生
	職業	会社員
	申立資格	※ (1) 遺言書の保管者　2 遺言書の発見者　3 その他
遺言者	本籍	東京 (都)道府県 品川区西大井○丁目○番○号
	最後の住所	〒　－ 申立人の住所と同じ （　　方）
	フリガナ 氏名	コバヤシ タロウ 小林 太郎 令和 2 年 7 月 28 日死亡

申　立　て　の　趣　旨
遺言者の自筆証書による遺言書の検認を求める。

申　立　て　の　実　情	
封印等の状況	※ (1) 封印されている。　2 封印されていたが相続人（　　　　）が開封した。 3 開封されている。　4 その他（　　　　）
遺言書の	※ (1) 申立人が遺言者から昭和・(平成) 30 年 6 月 15 日 に預かり，下記の場所で保管してきた。 2 申立人が平成　年　月　日 下記の場所で発見した。

※申立書および添付書類については、裁判所ウェブサイトにおいて最新の情報を確認してください。

遺言の執行と遺言執行者

POINT

- 遺言内容を実現させるための行為が遺言の執行。
- 遺言執行者の指定は遺言でしかできない。
- 子どもの認知、相続人の廃除と廃除の取り消しの遺言執行には遺言執行者が必要。

遺言執行者は遺言でのみ指定できる

遺言内容を実現させるために必要な行為を遺言の執行《しっこう》といいます。遺言の執行は、相続人や遺言執行者が行います。

あらかじめ遺言執行者が決められていなくても、相続分の指定のように、相続開始とともに効力を生じ、遺言の内容を実現するための行為が必要でない内容もあります。子どもの認知、相続人の廃除と廃除の取り消しに関しては、遺言執行者が必要です。また、遺言執行者の指定は遺言でしかできません。

遺言では、遺言執行者の指定を相続人や利害関係人以外の第三者に委託することもできます。遺言により指定された遺言執行者は、遺言を執行するための遺産の管理や処分に対するいっさいの権利と義務を持ちます。相続人などの利害関係人はかってに遺産を処分するなど、執行を妨げることはできません。

遺言執行者は未成年者および破産者以外はだれでもなれます。相続人や受遺者《じゅいしゃ》などでもなれます。ただし、遺言執行者は遺言者の死後、執行者となることを辞退することができます。できれば弁護士、税理士などの専門家に依頼したほうがよいでしょう。

遺言執行者が必要であれば、家庭裁判所に選任の申し立てを

遺言執行者が必要なのに指定されていない場合や、遺言執行者が辞退した場合などは、相続人や受遺者などの利害関係人が家庭裁判所に遺言執行者の選任を申し立てます。

参照 相続人の廃除 53ページ

遺言執行者選任の申立書

遺言書の写し、または遺言書の検認調書謄本の写しのほか、申立人、遺言者の戸籍謄本、遺言執行者の候補者がいる場合は、候補者の住民票または戸籍の附票などを添えて提出します。申立先は遺言者の最後の住所地の家庭裁判所。

受付印

家事 審判（○）／調停 申立書 事件名（ 遺言執行者選任 ）

この欄に申立手数料としての収入印紙をはる（はった印紙に押印しない）。
1件について 甲類審判 800円分
乙類審判1，200円分
調 停1，200円分
（注意）登記手数料としての収入印紙を納付する場合は，登記手数料としての収入印紙は，はらずにそのまま提出する。

貼用収入印紙	円
予納郵便切手	円
予納収入印紙	円

準口頭　　関連事件番号 令和　年（家　）第　号

東京 家庭裁判所 御中 令和 2 年 9 月 1 日	申立人（又は法定代理人など）の署名押印又は記名押印	小林 一郎 （小林）印

添付書類	申立人の戸籍謄本1通　遺言者の戸籍（除籍）謄本1通 遺言書の写し1通　遺言執行者候補者の住民票1通

申立人	本籍	（戸籍の添付が必要とされていない申立ての場合は，記入する必要はありません。） 東京 都（○）道府県 千代田区神田駿河台二丁目9番
	住所	〒 152 － 0035　電話 03（1234）5678 東京都目黒区自由が丘○丁目○番○号（　方）
	連絡先	〒　－　電話（　） （　方）
	フリガナ 氏名	小林《コバヤシ》 一郎《イチロウ》　大正／昭和（○）／平成 38年 9月 20日 生
	職業	会社員
※ 遺言者	本籍	（戸籍の添付が必要とされていない申立ての場合は，記入する必要はありません。） 東京 都（○）道府県 品川区西大井○丁目○番○号
	最後の住所	〒　－　電話（　） 申立人の住所と同じ
	連絡先	〒　－
	フリガナ 氏名	小林《コバヤシ》 太郎《タロウ》　（昭和）10年 7月 15
	職業	無職

（注）太枠の中だけ記入してください。　※の部分は，申立人，相…の区別を記入してください。

申立ての趣旨

遺言者の令和○年○月○日にした遺言につき、遺言執行者を選任するとの審判を求めます。

申立ての実情

1 申立人は遺言者から別添の遺言書の写しのとおり、遺言者所有の不動産の遺贈を受けた者です。

2 この遺言書は、令和2年○月○日に御庁において検認を受けました（令和2年（家）第○○○○号）が、遺言執行者の指定がないので、その選任を求めます。

なお、遺言執行者として、弁護士である次の者を選任することを希望します。

住所　中野区本町○丁目○番○号
連絡先　千代田区麹町○丁目○番○○ビル2階
（電話番号　03-9876-5432）
氏名　鈴木良夫（昭和30年4月5日生）

※申立書および添付書類については、裁判所ウェブサイトにおいて最新の情報を確認してください。

遺言作成の準備

POINT

- 財産目録を作成する。
- どの相続人にどの財産を相続させるかを考える。
- 必要であれば弁護士や税理士などに相談。
- 推定相続人の中に廃除したい相続人がいる場合は家庭裁判所に申し立てる。

財産目録を作成して、相続財産を確認する

遺産相続について遺言しておく場合は、まず、財産目録を作成します。

財産目録はだれにどの財産を相続させるかを考える場合にも役立ちますし、実際に遺言を書くとき、そして、相続時にも必要です。

相続財産にはプラスの財産だけでなく、借金などのマイナスの財産も含まれます。目録作成にあたっては、プラスの財産とともに、マイナスの財産もリストアップすることが大事です（54ページ参照）。

プラスの財産としては、預貯金、株式などの有価証券、不動産、自分が受取人になっている生命保険、ゴルフ会員権、借地権・借家権、自動車、家具、書画・骨董《こっとう》、貴金属など。マイナスの財産としては住宅ローンや借金などの債務です。

目録には、不動産は登記識別情報通知や登記事項証明書などを確認して、登記されたとおりに記載します。預貯金は預入先、口座番号、残高など、一つ一つ特定できるように記載します。

また、財産の種類によっては評価額も記載します。たとえば不動産であれば、取得金額と相続財産としての評価額、相続税計算のうえでの評価額は異なります。相続税計算のうえでの評価額は**路線価**を基準にします。相続財産としての評価額は実勢価格（実際に売買される価格）で考えたほうがよいでしょう。

不動産や株式などのように価格に変動のあるものは、定期的な評価額の見直しが必要です。

参照　路線価 181 ページ

だれに何を相続させるかを考える

財産をリストアップしたら、だれにどの財産を相続させるかを考えます。相続人が妻と独立した子どもであれば、妻には住まいを確保するために、家と土地を相続させ、子どもには金銭を相続させるなど、残された家族の生活を考えた相続内容を考えたいものです。

遺産分割の対象にはなりませんが、墓地、墓石、仏壇などの祭祀財産も、だれに承継させるかを考えて、遺言しておくとよいでしょう。

相続税について心配であれば税理士に、遺言内容に不安があれば弁護士にと、遺言作成にあたってわからないことがあれば専門家に相談しましょう。

相続人の廃除の申し立て

遺留分を有する推定相続人（相続人となるはずの人）が被相続人（遺言者）を虐待したり、重大な侮辱を与えた場合や、推定相続人にその他の著しい非行があった場合、被相続人は推定相続人の相続権を奪うことができます。これが相続人の廃除です。

相続人の廃除は、遺言者の生存中に家庭裁判所に「推定相続人廃除」の申し立てをして、調停または審判を受けます。廃除理由によっては認められないこともあります。また、いったん行った廃除は取り消すこともできます。相続人の廃除と廃除の取り消しは遺言によって行うこともできます。遺言による廃除や廃除の取り消しの場合は、死後、遺言執行者が家庭裁判所に申し立てをします。

memo

自分の葬儀についての遺言

自分の葬儀について遺言しておいても法的には有効ではありません。しかも、封印された自筆証書遺言や秘密証書遺言など、死後に家庭裁判所での検認を必要とする場合、遺言の内容を確認するのは葬儀後になるので、遺言者の意思は伝わりません。

「葬儀は家族だけでひそやかにしてほしい」といった葬儀についての希望は、遺言書とは別に記して、死後、すぐに家族の目にふれるようにしておきましょう。

参照 遺産分割の対象 154 ページ、遺留分 22 ページ

財産目録作成メモ

		財産の種類	必要事項
プラスの財産	不動産	土地（自宅敷地・事業用地・貸宅地・農地・山林など）建物（自宅・貸家・店舗・工場など）	地番（登記事項証明書記載）・面積（登記事項証明書記載）・評価額（路線価・実勢価格）
	金銭	現金・預貯金	金額・金融機関・支店名・預貯金の種類・口座番号
	有価証券	株式・国債・公社債・証券投資信託・貸付投資信託・手形・小切手など	証券会社・銀行など取扱機関・株式の数量・証券番号
	保険（受取人が遺言者のもの）	生命保険・損害保険・共済など	契約先・証券番号・死亡保険金額
	権利関係	借地権・借家権・ゴルフ会員権・著作権・特許権・電話加入権など	契約先・契約書・金額など
	物品	自動車・書画・骨董・宝石・貴金属・家具・家電製品など	評価額など
	その他	墓地・墓石・仏壇	契約先・墓地管理料など
マイナスの財産	各種ローン・借金など		契約先・金額など

推定相続人廃除の申立書（遺言による）

遺言書による相続人の廃除は、遺言執行者が申し立ての手続きをします。1枚目には申立人と廃除の対象者（相手方）について、2枚目には審判の申し立てをする理由を書きます。申立先は遺言者の最後の住所地の家庭裁判所。

受付印

家事 審判 申立書 事件名（ 推定相続人廃除 ）
調停

この欄に申立手数料としての収入印紙をはる（はった印紙に押印しない）。
（1件について甲類審判 ８００円分
乙類審判１，２００円分
調　停１，２００円分）
（注意）登記手数料としての収入印紙を納付する場合は，登記手数料としての収入印紙は，はらずにそのまま提出する。

貼用収入印紙	円
予納郵便切手	円
予納収入印紙	円

準口頭		関連事件番号 令和 年（家 ）第 号

東京 家庭裁判所 御中 令和 2 年 9 月 10 日	申立人（又は法定代理人など）の署名押印又は記名押印	高橋和也 印（高橋）

添付書類	申立人の戸籍謄本１通　相手方の戸籍謄本１通 相続人の戸籍謄本１通　遺言書の写し１通　資格証明書１通

申立人	本籍	（戸籍の添付が必要とされていない申立ての場合は，記入する必要はありません。） 東京 都 道 府 県 千代田区神田駿河台〇番〇号
	住所	〒 101－0062 電話 03（1234）1234 同上 （ 方）
	連絡先	〒 － 電話 （ ） （ 方）
	フリガナ 氏名	高橋《タカハシ》 和也《カズヤ》　大正 昭和 平成 29年 2月 3日 生
	職業	会社員
※ 相手方	本籍	（戸籍の添付が必要とされていない申立ての場合は，記入する必要はありません。） 東京 都 道 府 県 文京区春日〇丁目〇番〇号
	住所	〒 145－0064 東京都杉並区南荻窪〇丁目
	連絡先	〒 －
	フリガナ 氏名	中村《ナカムラ》 康介《コウスケ》
	職業	無職

申立ての趣旨

相手方が被相続人中村一郎の推定相続人であることを廃除する審判を求めます。

申立ての実情

1 申立人は東京家庭裁判所において選任された遺言執行者であります。

2 相手方は被相続人の意に反し、学業をせず、親の財産を持ち出し費消し、また、親に暴力行為を働きけがをさせるなど親不孝をしたので、被相続人は相手方の推定相続人たることを廃除する旨の遺言をなし、その遺言は被相続人が令和2年8月25日に死亡したことによりその効力を生じたので、この申し立てをします。

※申立書および添付書類については、裁判所ウェブサイトにおいて最新の情報を確認してください。

Q 遺言書の検認はどのような目的で行う手続き？

A 遺言者本人が書いたものか確認し、遺言書を保全するために行います

遺言者の死後、公正証書以外の遺言は、家庭裁判所に提出して検認を受けなければなりません。

遺言書の検認は、家庭裁判所が遺言書の形状、加除訂正、日付、署名、押印などの状態を確認する手続きです。

検認の結果、遺言者の遺言であることを確認し、遺言書の内容を明確にして、遺言書の偽造や変造を防ぎ、遺言書をそのままの状態で保存する目的で行います。

遺言書の書き方や内容が法的に有効であるかどうかを判断するために行うものではありません。

したがって、検認を受けても、法的に正しい形式で作成されていなければ、無効になってしまいます。

Q 相続人に特別受益者がいる場合の相続分の計算方法は？

A 特別受益額を遺産にプラスして、法定相続分で分割します

特別受益者がいる場合、各相続人の相続分の算定方法は、実際の遺産額に特別受益額をプラスして、その総額を法定相続分で分割します。特別受益者は、そこから特別受益分を引いた額を相続します。特別受益額は贈与時の価額ではなく、相続開始時の価額に換算して計算します。

たとえば、子ども2人（兄弟）が相続人で、遺産が1億円。兄は独立資金として2000万円（相続時の価額）の生前贈与を受け、弟は生前贈与を受けていないとします。この場合は、1億円に特別受益額の2000万円を加算した1億2000万円に、法定相続分の2分の1を掛けた6000万円が弟の相続分となります。特別受益者である兄の相続分は、6000万円から特別受益分の2000万円を引いた4000万円となります。

Q 遺言書に「○○に全財産を相続させる」とあった場合、法定相続人の遺留分は？

A 相続財産に特別受益などを加算し、遺留分の割合を掛けて計算します

たとえば遺産が1億円。相続人は配偶者である妻と長男、長女の3人で、長男は生前に2000万円の生前贈与を受けているとします。遺言に「長男に全財産を相続させる」とあった場合、妻と長女の相続分をゼロとしたこの遺言は、妻と長女の遺留分を侵害することになります。

遺留分は法定相続分の2分の1なので、妻の遺留分の割合は4分の1、子の遺留分の割合はそれぞれ8分の1です。遺留分は、相続財産の1億円に特別受益額の2000万円を加算した額に遺留分の割合を掛けて計算します。

妻は「1億2000万円×1／4＝3000万円」、長女は「1億2000万円×1／8＝1500万円」が、長男に侵害額請求できる遺留分の金額となります。

Q 公正証書遺言には、法的に有効な内容しか書けない？

A 遺言書の本文に書き加えたり、付記として遺言者の思いを記すこともできます

遺言者が遺言内容を口述し、公証人が作成する公正証書遺言にも、自筆証書遺言などと同じように、遺言者の思いを記すことができます。

遺言者がどのような考えで相続分の指定や財産の分割方法の指定をしたか、自分が亡くなったあと、家族にはどうしてほしいかなど、遺言書に記載したいことがあれば公証人に伝え、遺言の本文に加えたり、付記として記載することができます。

Q 遺言書の保管にはどのような方法がある?

A 第三者に預ける、貸金庫の利用、信託銀行の遺言保管サービスなどがあります

弁護士や税理士、信頼できる友人など、遺言内容に関係のない（利害関係のない）第三者に預けるか、銀行の貸金庫に預けるなどします。貸金庫は、相続が開始されると、相続人であっても他の相続人の同意を得なければかってに開けることができません。

遺言書を作成した事実と、自筆証書遺言や秘密証書遺言であれば、だれに託したのか、公正証書遺言であれば、どこの公証役場で作成したのか、などを記した文書を貸金庫に保管しておくのもひとつの方法です。２０２０年7月より、自筆証書遺言は、法務局に預けることもできます。

また、信託銀行では遺言書の保管や、遺言書を保管して、遺言者の死後、遺言を執行する業務も行っているので、利用する方法もあります。

信託銀行の遺言信託

信託銀行では、遺言書作成のアドバイスから公正証書遺言の作成、遺言書の保管、遺言執行者として遺言の執行、遺産の整理など、遺言から相続までの一連に関する業務を請け負っています。信託銀行によって内容に違いはありますが、「遺言信託」という名称で取り扱っていて、遺言書の保管だけのコースもあります。

遺言信託の費用も信託銀行によって異なりますが、遺言作成時（契約時）には信託銀行の手数料と公正証書遺言作成の手数料（41ページ参照）がかかるほか、遺言執行まで（相続開始まで）の遺言書の保管料が必要です。さらに遺言執行時には、基本報酬額プラス財産額に応じた比例報酬がかかります。

遺言書作成時の手数料は20万～50万円程度、年間保管料は6000～1万円程度、基本報酬額は最低額が100万～150万円程度と、信託銀行によって幅があります（いずれも税別）。

PART 2

ケース別

自筆証書遺言の書き方

法的に有効な自筆証書遺言の書き方とともに
さまざまな状況に応じた遺言の文例を
詳しい解説とともに紹介します。

2

自筆証書遺言作成の基本

遺言書作成のPOINT10

❶全文を自筆で書く。
❷日付（作成年月日）、署名、押印は不可欠。
❸加除訂正は方式にのっとって行う。
❹用紙は自由。保存に耐えられるものがよい。
❺筆記用具は自由。ボールペンや万年筆、サインペンなど改ざんされにくいものを使う。
❻内容は具体的にわかりやすく、個条書きにする。
❼必ず下書きをしてから清書する。
❽財産の記載ははっきり特定できるように書く。財産目録はパソコンなどで作成したものや、不動産の登記事項証明書の写し、預貯金の通帳コピーを添付してもよい。
❾用紙が複数枚におよぶときはとじるか、契印（割り印）をする。
❿封印をするかしないかは自由だが、遺言書に使った印鑑で封印したほうがよい。

表題は「遺言書」「遺言状」「遺言」などとする

遺言の本文、作成年月日、氏名のすべてを自筆で書きます。ただし財産目録については、改正により自筆でなくてもよくなりました。不動産の登記事項証明書の写し、預貯金の通帳コピーを添付することも可能です。

表題はなくてもかまいませんが、遺言であることがはっきりとわかるように、「遺言書」「遺言状」「遺言」などと書いておいたほうがよいでしょう。

日付、署名、押印の3点セットは必須

日付は西暦でも元号でもよく、数字は漢数字でも算用数字でもかまいません。

「令和〇年の誕生日」のような形でも、年月日が特定できればよいのですが、やはり「〇年〇月〇日」

と書いて、客観的に判断できる書き方のほうがよいでしょう。

署名は戸籍上の実名に限らず、遺言者が通常使用しているペンネームや芸名、雅号などでも有効とされています。

押印も必須条件です。印鑑は実印でなくてもよく、認め印でもかまいませんが、実印を使うのがベストです。

加筆、削除、訂正は、決められた方式にのっとって行わないと無効になってしまいます（64ページ参照）。

遺言者の住所は書いておいたほうが遺言者が特定できますが、書いても書かなくてもかまいません。

保存に耐える用紙に、万年筆、ボールペン、サインペンなどで

用紙は自由ですが、保存に耐える丈夫な紙を使います。大きさは、家庭裁判所での検認の際や相続の手続きなどでコピーをとるので、B5やA4サイズがよいでしょう。

用紙が複数枚におよぶときは、全体として前後のつながりから1通の遺言書と確認できれば契印《けいいん》（割り印）はしなくともかまいません。自筆によらない財産目録には、各ページに署名、押印しなければなりません。

筆記用具にも規定はありませんが、改ざんのおそれのある鉛筆は避けましょう。万年筆やボールペン、サインペンなどを使用します。

memo

日付の書き方

○
- 令和二年十二月二十一日
- ２０２０年12月21日
- 令和二年一二月二一日

△
- 令和○年の誕生日
- 満60歳の誕生日に
- 令和○年元旦

×
- ○月○日（○年が抜けている）
- ○年○月吉日（日にちの特定ができない）

内容はわかりやすく個条書きにする

遺言の内容は、だれに、何を相続させるのか、遺産をどう分けるのか、遺言者の意思が正確に伝わるように具体的に書きます。聞きかじりのむずかしい法律用語や専門用語を使うよりも、使いなれた言葉で書いたほうがよいでしょう。

表題に続いて「遺言者○○○は、この遺言により次のように遺言する」「遺言者○○○は、以下のとおり遺言する」などと書いてから、遺言事項を書きます。

遺言事項は、項目ごとに番号をつけて個条書きにするとわかりやすくなります。必ず下書きをして、内容や数字、文字、氏名などに間違いがないかどうか、よく確かめてから清書します。

財産は客観的に特定できるように記載する

相続財産の記載は、財産が特定できるように、一つ一つ正確に記載します。たとえば、「土地は長男に、家は妻に相続させる」などのようなあいまいな書き方では、財産の特定ができません。

特に土地や建物の不動産は、登記記録の記載と一致しないと相続の登記ができないこともあるので、登記事項証明書の記載どおりに記載します。未登記の場合は「固定資産税課税台帳登録証明書」の記載どおりに記載します。

預貯金についても、複数あるときは、金融機関の支店名、口座番号、名義など、株式であれば会社名、株数などを、客観的に特定できるように記載します。

財産目録を別紙添付することもできます。この場合は、手書きではなくパソコンで作成したものでもかまいません。また、登記事項証明書の写し、預貯金の通帳コピーを添付することも可能です。

相続人や受遺者も特定できるように書く

財産を譲る相手が妻や子どものように、簡単に特定できる場合は「遺言者の妻春子に」や「長男太郎に」といった記載でもよいでしょう。同姓同名の人がいる場合や、法定相続人以外の受遺者《じゅいしゃ》に譲る場合は、受け取る相手が特定できる形で記載します。

たとえば、「遺言者の姪田中夏子（昭和○年○月○日生）」のように、生年月日を記したり、「内縁の妻山本裕子（本籍・埼玉県○○市○○町、住所・東京都練馬区○○町○番○号、昭和○年○月○日生）」のように、生年月日とともに、相手の本籍や住所なども記しておきます。

封筒に入れて保管するとき

遺言書は必ずしも封筒に入れて封印しなければならないものではありません。しかし、秘密の保持や変造、改ざんを防ぐとか、汚損などから守る意味でも、封筒に入れて封印しておいたほうがよいでしょう。

封筒の表には、「遺言書」や「遺言書在中」などと書いておきます。裏には、遺言書の作成年月日を書き、署名・押印します。封印の印と、署名・押印の印は、遺言書に用いた印鑑を使います。

自筆証書遺言は、死後、保管者や発見者が家庭裁判所に届け出て、検認《けんにん》の手続きをしなければなりません。また、封印されている遺言書は、かってに開封することができません。検認の際に、すべての相続人に立ち会いの機会を与えたうえでなければ開封できないことになっています。

死後、遺族が知らずに開封してしまわないように、「本遺言書は、遺言者の死後、未開封のまま、家庭裁判所に提出のこと」と、添え書きしておきます。

自筆証書遺言を入れる封筒の書き方

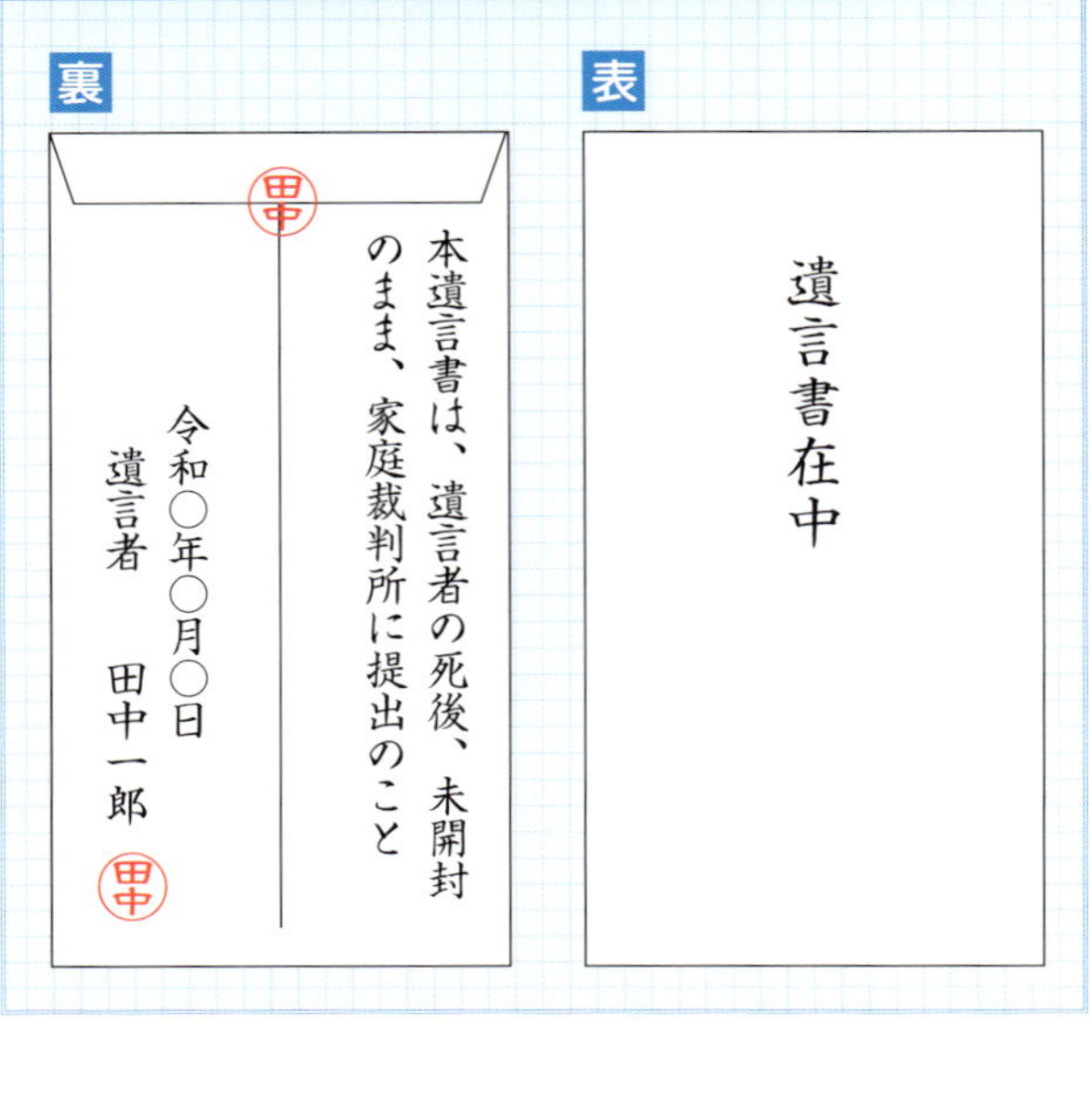
表
遺言書在中
裏
本遺言書は、遺言者の死後、未開封のまま、家庭裁判所に提出のこと
令和○年○月○日
遺言者　田中一郎

自筆証書遺言の加除訂正の仕方

法律で決められた方法で行う

遺言書に加筆、削除、訂正（加除訂正《かじょていせい》）する方法は、法律で決められています。民法では自筆証書遺言の加除その他の変更は「遺言者が、その場所を指示し、これを変更した旨を附記して特にこれに署名し、且つ、その変更の場所に印を押さなければ、その効力がない」（第968条）と規定しています。

加除訂正が決められた方式にあてはまらない場合は、その変更はなかったこととして扱われるので、注意が必要です。

遺言書

遺言者田中一郎は、以下のとおり遺言します。

加筆するときは、原文の加筆する個所に｛の印をつけ、加筆する内容を書きます。加入した位置には押印します。削除するときは、原文の削除する部分を二重線で消し、押印します。訂正するときは、原文の訂正する部分を二重線で消し、変更する文言《もんごん》を書き入れて、押印します。いずれも、二重線を引くときは原文が判読できるように引きます。

さらに変更個所の上部欄外または遺言書の末尾に「この行弐字加入」「本行参字削除五字加入」などのように、変更した旨を付記し、署名します。加除訂正に用いる数字は漢数字でも算用数字でもかまいません。また、使用する印鑑は、遺言書の署名の下に押した印鑑を使います。

加除訂正の例

❶ この行一字削除
一字加入
田中一郎

一、遺言者田中一郎は、所有する次の土地を妻春子に相続させる。

東京都葛飾区○○町○丁目○番○

宅地　一二三・~~四~~五（田中印）❷平方メートル

二、○○銀行○○支店の田中一郎名義の{定期（田中印）❸預金全額と、○○株式会社、株式三万株は長男太郎にそれぞれ相続させる。

（田中印）❹ ~~三、遺言者名義の○○株式会社株式二万株を長女山本良子（昭和三十五年一月三日生）に相続させる。~~

令和○年○月○日

遺言者　田中一郎（田中印）❻

❺ 付記

この遺言書六行目、二字加入。　田中一郎

この遺言書中八行目、第三項全文を削除する。　田中一郎

❶加除訂正したことを上部欄外に付記する場合は、変更した行の真上に変更した内容を説明し、署名します。

❷訂正は訂正部分を二重線で消し、右側に書き直して押印します。付記には「○字削除○字加入」とします。

❸加入は{印を書いて文字を書き入れ、押印します。付記には「この行○字加入」とします。

❹削除は削除部分を二重線で消し、押印します。付記には「この行○字削除」「この項全文削除」などとします。

❺加除訂正したことを遺言書の末尾に付記する場合は、加除訂正が遺言書の何行目にあたるか、あるいは何項にあたるかなどを明記し、変更した内容を説明し、署名します。

❻加除訂正した部分に押す印は、遺言書の署名の下に押した印と同じ印鑑にします。

妻に全財産を相続させる ①子どもがいない場合

遺言者の親が亡くなっていて、相続人が妻と遺言者の兄弟姉妹（代襲相続《だいしゅうそうぞく》の甥・姪を含む）の場合は、兄弟姉妹には遺留分がないので、「全財産を妻に相続させる」と遺言しておけば、妻に全財産を渡すことができます。

なお、今回の法改正により、相続人が法定相続分を超えて財産を取得した場合、法定相続分を超える部分については、登記・登録などの対抗要件を備えなければ、その権利を第三者に対抗することができなくなりました。

遺留分を考えた内容にする

遺言者（被相続人）の妻と、遺言者の両親（両親がいない場合は祖父母）が相続人である場合、法定相続分は妻が3分の2、両親が3分の1となります。妻に全財産を相続させるには遺言が必要です。

ただし、両親には財産全体の6分の1の遺留分があるので、「全財産を妻に相続させる」と遺言しておいても、遺留分侵害額請求があれば6分の1に相当する金銭を渡さなければなりません。

遺言書

遺言者山田次郎は、妻幸子が不自由のない生活を送れるようにと、次のように遺言します。

❶父太郎には、遺言者の意思を尊重していただき、その遺

❶「遺留分を放棄してほしい」と書いても、法的な効力はありませんが、その理由も書き添えることで、遺言者の思いを伝えることができます。

留分を放棄することを希望します。

一、❷妻幸子に左記を含む遺言者の全財産を相続させる。

1 ❸土地　東京都千代田区神田駿河台○丁目○番○
宅地　百六十・五平方メートル

2 ❸建物　右同所同番地○所在、家屋番号○番○
木造瓦葺二階建居宅
一階五十・五平方メートル
二階三十二・四平方メートル

3 右居宅内にある、什器家具備品いっさいの動産

4 ○○銀行○○支店の遺言者名義の預金のすべて

5 ゆうちょ銀行の遺言者名義の貯金のすべて

6 株式会社○○の株式すべて

二、❹本遺言の遺言執行者に左記の者を指定する。
東京都千代田区○○町○丁目○番地
弁護士　中川洋一

令和○年○月○日 ❺

遺言者　山田次郎 ㊞

❷すべての財産を1人に相続させるには、「遺言者の所有する全財産を○○に相続させる」だけでもかまいませんが、財産の明細を特定しておいたほうがよいでしょう。

❸土地や建物など不動産の表示は、登記事項証明書の記載（未登記の場合は固定資産税課税台帳登録証明書の記載）どおりに書きます。

❹遺留分侵害額請求などを想定して、遺言執行者を指定しておくこともできます。

❺日付、署名、押印は必須。

妻に全財産を相続させる ②子どもがいる場合

子が納得する説明を入れる

遺言者の妻と、子が相続人である場合、法定相続では妻が2分の1、子が2分の1を人数分で均等に分けることになっています。

妻に全財産を相続させたいと思っても、子には財産全体の4分の1の遺留分があります。子が遺留分侵害額に相当する金銭の支払いを求めてきたときには、支払わなければなりません。財産が自宅の土地と建物だけであれば、土地と建物を売ったお金で払わなければならない場合もあるでしょう。

ただ、今回の相続では妻に全財産を相続させたとしても、妻が亡くなったときの相続では、相続人は子だけになります。その点を説明して、法的効力はありませんが、子が遺留分侵害額請求をしにくいように、遺留分の放棄を希望する旨を記しておきます。

遺言状

遺言者神山孝行は、妻真弓が老後の生活に不自由しないよう、次のように遺言します。

一、❶妻真弓に左記の財産を含む全財産を相続させる。

1　土地　　東京都杉並区○○町○丁目○番○

❶この場合は、「遺言者の所有するすべての財産を○○に相続させる」だけでもかまいません。財産の明細を書く場合、土地や建物など不動産の表示は、登記事項証明書の記載（未登記の場合は固定資産税課税台帳登録証明書の記載）どおりに書きます。

2　宅地　百六十・五平方メートル
　　建物　右同所同番地○所在、家屋番号○番○
　　　　木造瓦葺二階建居宅
　　　　一階五十・五平方メートル
　　　　二階三十二・四平方メートル
3　右居宅内にある、什器家具備品いっさいの動産
4　○○銀行○○支店の遺言者名義の預金のすべて
5　ゆうちょ銀行の遺言者名義の貯金のすべて

二、長男洋一、長女山口博美には、遺言者の意思を尊重していただき、遺留分を放棄してくれることを望みます。
二人の子どもたちは、真弓を見送ったあとは自宅の土地、建物を仲よく分け合ってほしい。

令和○年○月○日

遺言者　神山孝行　㊞（神山）

❷家の中にある財産のすべては「什器家具備品いっさいの動産」と表記します。

❸「遺留分を放棄してほしい」と書いても、法的な効力はありませんが、その理由も書き添えることで、遺言者の思いを伝えることができます。

❹日付、署名、押印は必須。

妻に法定相続分よりも多く相続させる ①子どもがいる場合

遺留分を侵害しない範囲で

妻に法定相続分よりも多く相続させたい場合は、遺言による相続は法定相続に優先するので、遺言でその相続分を指定します。相続でのトラブルを防ぐためには、遺留分を侵害しない範囲で相続分を指定しておいたほうがよいでしょう。

相続人が妻と子2人の場合、子の遺留分は全財産の4分の1なので、妻には全財産の4分の3まで、相続させることができます。遺言の指定により妻の相続分が、子の遺留分を侵していても、つまり4分の3以上であっても、遺言どおりに妻に相続させることができますが、子の遺留分を侵害した額について、子から請求されることがあります。

遺言書

遺言者近藤信彦は、次のとおり遺言する。

一、各相続人の相続分を次のように指定する。❶

妻近藤尚子　八分の六❷

❶相続人ごとに相続分を書きます。

❷8分の6は4分の3ですが、相続分の表記は分母を同じにしておくとわかりやすくなります。

長男近藤忠彦　八分の壱
二男近藤春彦　八分の壱 ❸

二、本遺言の遺言執行者に左記の者を指定する。
神奈川県藤沢市○○町○丁目○番○号
岩本幸也（昭和○年○月○日生）

まだ結婚していない息子たちにとって、❹母親の世話が負担にならないよう、妻尚子の相続分を遺留分を侵害しない範囲で多く相続させる。とはいえ、母親の老後の生活を兄弟二人で助けていってほしい。

令和○年○月○日 ❺

遺言者　近藤信彦 （近藤）

❸子が3人であれば、妻の相続分は12分の9、子は各12分の1となります。

❹妻（母親）に多く相続させる理由を書き添えます。

❺日付、署名、押印は必須。

妻に法定相続分よりも多く相続させる ②子どもがいない場合

各相続人の相続分を指定する

夫婦に子どもがなく、相続人が妻と遺言者の両親の場合、法定相続分は妻が3分の2、両親が3分の1となります。妻に多く相続させるには遺言が必要です。遺留分を侵害しない範囲で考えると、両親の遺留分は6分の1なので、妻には6分の5まで相続させることができます。

相続人が妻と遺言者の兄弟姉妹の場合、遺言がないと妻が4分の3、兄弟姉妹が4分の1という、法定相続分どおりの相続になってしまいます。

兄弟姉妹にも財産を譲りつつ、妻に法定相続分よりも多く相続させたいときは、それぞれの相続人の相続分を指定しておきます。兄弟姉妹には遺留分はないので、遺留分への配慮は必要ありません。

相続人が妻と両親の場合

遺言書

遺言者近藤信彦は、次のとおり遺言する。

一、各相続人の❶相続分を次のように指定する。

妻近藤尚子　十二分の十❷

父近藤信夫　十二分の壱

❶相続人ごとに相続分を書きます。

❷12分の10は6分の5ですが、相続分の表記は分母を同じにしておくとわかりやすくなります。

母近藤秀子　十二分の壱 ❸

令和○年○月○日 ❹

遺言者　近藤信彦 （近藤）

❸両親の遺留分は6分の1。父母が健在であれば、それぞれ12分の1となります。父あるいは母のみの場合の遺留分は6分の1となります。

❹日付、署名、押印は必須。

相続人が妻と兄弟姉妹の場合

遺言書

遺言者近藤信彦は、次のとおり遺言する。

一、各相続人の相続分を次のように指定する。❶

妻近藤尚子　十五分の十三

弟近藤康（昭和○年○月○日生）❷　十五分の壱

妹高田寛子（昭和○年○月○日生）　十五分の壱

令和○年○月○日 ❸

遺言者　近藤信彦 （近藤）

❶相続人ごとに相続分を書きます。

❷相続人に同姓同名や紛らわしい名前の人がいる場合など、生年月日や住所なども書いておきます。

❸日付、署名、押印は必須。

子の相続分に差をつける

遺留分に配慮して相続分を指定

子の法定相続分は長男、二男などにかかわらず平等です。結婚したり、養子縁組（一般養子）で姓が変わったとしても、その相続分は変わりません。

複数いる子の中に、特に世話になった子がいる場合など、遺言で相続分に差をつけることはできます。たとえば、同居している長男に、今後も妻の世話を頼むつもりであれば、長男の相続分を多く指定しておけばよいのです。

相続人が妻と子3人であれば、法定相続分は妻が2分の1、子はそれぞれ2分の1×3分の1で、6分の1となります。妻の相続分は2分の1のまま、長男以外の子の遺留分を侵害しない範囲で長男の相続分を多くする場合は、長男の相続分を3分の1とします。残る2人の子の相続分は遺留分に等しい12分の1ずつとなります。

また、妻の相続分を少なくすれば、長男に3分の1以上相続させることもできます。トラブルの心配がなければ、他の相続人の遺留分を侵害する相続分を指定することもできます。

遺言書

遺言者岸本庄市は次のように遺言する。

一 各相続人の相続分を次のように指定する。
長男孝光の相続分が法定相続分より多いのは、孝光がこれまで遺言者夫婦と同居し、面倒を見てくれたこと、❶今後も妻朝子の面倒を見てもらうからである。
豊と由美には遺留分を侵害しない範囲での相続なので、納得のうえ、これからも孝光に協力して母の世話をしていってほしい。

妻岸本朝子　十二分の六❷
長男岸本孝光　十二分の四
二男岸本豊　十二分の一
長女川島由美　十二分の一

二 第一項に記したように、長男孝光はこれからも母と同居し、最後まで面倒を見てほしい。

令和○年○月○日❸

遺言者　岸本庄市　㊞（岸本）

❶前文にどういう理由で相続分を指定したかを書いておくと、相続人の同意を得られやすい。トラブルを防ぐためには遺留分を侵害しない範囲での指定がよいでしょう。

❷相続分の表記は分母を同じにしておくとわかりやすくなります。

❸日付、署名、押印は必須。

先妻の子に多く相続させる

後妻の死後を考えた相続に

先妻と死別し、再婚して両方の結婚で子どもがいる場合、先妻の子と現在の妻（後妻）の子との法定相続分は同じです。ですが、後妻との子は、いずれ後妻が亡くなったときに、後妻が遺言者から引き継いだ財産をも相続することになります。

できるだけ公平な相続を行いたいと思うのであれば、先妻の子に多く相続させておきます。ただし、先妻の子が後妻と養子縁組していれば、後妻の死後、両方の子は後妻の財産を等分に相続することができます。

また、死別した先妻から遺言者が引き継いだ財産を先妻との子に相続させたいのであれば、遺言に明示して相続させます。

遺言書

遺言者島村明雄は、次のように遺言する。

一、長男正人に次の財産を相続させる。

1、〇〇銀行新宿支店の遺言者名義の定期預金

❶先妻の子に多く相続させる財産を項目立てして明示します。

❷預貯金は銀行名、支店名、名義、口座番号、相続させたい金額などを明示します。有価証券は名義、会社名、株数などを明記します。

（口座番号〇〇〇〇〇〇）の全額。

2、遺言者名義の株式会社〇〇商事の株式、壱万株

これは、正人の母親である亡き妻島村雅子より、

遺言者が相続したものである。

二、第一項の財産を除いた残りの財産の相続分について

は、次のように指定する。

妻島村美知恵　　四分の二

長男正人　　四分の一

二男春人　　四分の一

令和〇年〇月〇日

遺言者　島村明雄　（島村）

❸先妻から相続した財産を相続させる場合は、その旨を書き添えたほうが、他の相続人も納得しやすくなります。

❹日付、署名、押印は必須。

非嫡出子の相続分を明らかにしておく

法定相続分は嫡出子と同じ

平成25年9月4日、「非嫡出子の相続分を嫡出子の2分の1とする民法の規定は違憲である」との最高裁判決が出ました。これを受け、同年12月5日に「民法の一部を改正する法律」が成立し、非嫡出子の相続分は嫡出子と同等になりました（同月11日公布・施行）。

たとえば、相続人が妻と嫡出子2人、非嫡出子1人であった場合、それぞれの法定相続分は、妻が2分の1、嫡出子が6分の1、非嫡出子が6分の1となります。

非嫡出子が法定相続人になるには認知されている必要があり、認知は遺言でもできます（136ページ参照）。遺言での認知の場合や被相続人が非嫡出子の存在を隠していた場合など、妻や嫡出子が納得しがたく、トラブルが予想される場合もあるでしょう。そのような場合、法定相続分と同じであっても、遺言でそれぞれの相続分を明確にしておくことには意味があるといえます。

遺言書

遺言者田辺秀樹は次のように遺言する。

❶嫡出子、非嫡出子の名前を列挙して相続分を指定します。生年月日や住所、母親の名前などを書いておきます。

一、各相続人の相続分を次のように指定する。

妻田辺由美　二十分の十五

❶子田辺啓祐　二十分の五

子田辺博美　二十分の五

子飯島はるか（平成○年○月○日生）　二十分の五

二、この遺言の執行者として左記の者を指定する。

東京都千代田区麹町○丁目○番地○号

弁護士　向井茂則

令和○年○月○日

遺言者　田辺秀樹　㊞

❷相続分の表記は分母を同じにしておくとわかりやすい。各相続人の相続分を等しくする場合は、「等しく相続させる」として相続人の名前を列挙する形もあります。

❸相続がスムーズに行われるよう、遺言執行者を指定しておいたほうがよいでしょう。

❹日付、署名、押印は必須。

財産の分割方法の指定を委託する

相続分を指定し、分割方法の指定を第三者に委託する

遺言により、それぞれの相続人の相続分を指定しておくと、実際にどの財産をだれが受け取るかは、相続人全員の話し合いによって決められます。話し合いがスムーズにいくかどうかが心配であれば、財産の分割方法を第三者に委託することもできます。

ここでは、分割方法の指定を委託しましたが、相続分と併せて委託することもできます。その場合の遺言は「遺言者の所有する全財産について、相続分および分割方法の指定を、○○○○に委託する」とします。

委託する相手は友人、知人などでもかまいませんが、税理士や弁護士などのプロに委託したほうがよいでしょう。

遺言書

遺言者角田博昭は次のように遺言する。

一　遺言者が所有する全財産について、各相続人の相続分❶を次のように指定する。

妻正子　　五分の二

❶相続人ごとの相続分を指定します。

長男慎一　　五分の二
長女木下雅恵　　五分の一

二　前項で指定した相続分について、財産の分割方法の指定は第三項に指定する遺言執行者に委任する。❷

三　本遺言の遺言執行者に次の者を指定する。❸
東京都大田区山王○丁目○番地○号
弁護士　安西孝司

令和○年○月○日 ❹
遺言者　角田博昭 （角田）

❷第三者に財産の分割方法について委託します。友人や知人などに委託した場合、委託された第三者は遺言執行者と解されます。

❸遺言執行者を指定します。

❹日付、署名、押印は必須。

妻に家と土地を相続させる

土地、建物は別々に、登記事項証明書どおりに記載する

不動産を渡す場合、渡す相手が法定相続人以外であれば、「譲る」「与える」などの表記の仕方でもかまいませんが、相手が相続人の場合は「相続させる」の表記を使います。不動産を名義変更のために登記する場合、相続では、その相続人の単独申請で登記できますが、遺贈では他の相続人または遺言執行者との共同申請になってしまうからです。

土地、建物は別々の項目を立てます。表記は法務局から登記事項証明書を取り寄せて、登記事項証明書の記載（未登記の場合は固定資産税課税台帳登録証明書の表記）どおりに書きます。

土地は「所在、地番、地目、地積（面積）」、建物は「所在、家屋番号、種類、構造、床面積」などを書きます。物件がマンションの場合も、建物と敷地権について登記事項証明書の記載どおりに記載します（88ページ参照）。

遺言書

遺言者今井健介は、遺言者が所有する次の土地および建物を妻今井貴子に❶相続させる。

❶不動産の登記にかかる登録免許税は、相続では0・4％ですが、贈与では2％。さらに贈与では不動産取得税3％がかかります。相続人には単独で登記申請できるよう、「相続させる」を使います。

一、土地
東京都文京区春日○丁目○番○
宅地　壱百参拾・八平方メートル

二、建物
右同所同番地○所在、家屋番号○番○
木造瓦葺二階建居宅
一階　六拾五平方メートル
二階　参拾弐平方メートル

令和○年○月○日

遺言者　今井健介　㊞

❷土地、建物を別々に項目立てして、それぞれ登記事項証明書どおりに記載します。

❸日付、署名、押印は必須。

妻が自宅に住み続ける権利を確保（配偶者居住権を使う）

自宅の居住権と所有権を明記する

これまでは、夫の死後、妻が、夫とともに住んでいた自宅に住み続けるためには、財産的評価の高い自宅所有権を相続しなければならないことが多く、法定相続分からすると、預貯金など他の財産は他の相続人に渡さなければなりませんでした。しかしこれでは、残された妻は、住むところは確保できても、その後の生活に十分な預貯金を得ることはできません。

新設された配偶者居住権を利用すると、子どもなどに所有権を帰属させ、妻には配偶者居住権を取得させることで、妻が死ぬまで自宅に住み続けることができるようになりました。取得するのは所有権より財産的評価の低い配偶者居住権であるため、その分預貯金などの財産も相続することができます。

相続財産において、自宅の土地・建物の評価の割合が大きい場合は、自宅に妻が住み続けることができるよう、配偶者居住権があることを記すことで、トラブルを回避できます。

遺言書

遺言者今井雄介は、この遺言書により次のとおり遺言する。

一、妻貴子に、遺言者が所有する次の建物の配偶者居住権を遺贈する。❶

❶「相続させる」ではなく「遺贈する」とします。相続による取得とすると、妻が配偶者居住権の取得を希望しない場合に、その部分の取得のみを拒絶することができず、相続放棄をするしかなくなってしまう可能性があるからです。

東京都文京区春日○丁目○番地所在、家屋番号○番○
木造瓦葺二階建居宅
一階　六拾五平方メートル
二階　参拾弐平方メートル
二、長男正行に、次の建物の負担付所有権を遺贈する。❷
建物
東京都文京区春日○丁目○番地所在、家屋番号○番○
木造瓦葺二階建居宅
一階　六拾五平方メートル
二階　参拾弐平方メートル
三、長男正行に、次の土地の所有権を相続させる。❸
土地
東京都文京区春日○丁目○番地○
宅地　壱百参拾・八平方メートル
四、遺言者が保有する預貯金について、各相続人の相続分を次のように指定する。
妻貴子　二分の一
長男正行　二分の一
令和○年○月○日 ❹
遺言者　今井健介 (今井)

❷子どもが取得する所有権は、負担付きであるため、「相続させる」ではなく「遺贈する」とします。

❸登記を共同申請ではなく、単独申請できるように遺贈ではなく「相続させる」とします。

❹日付、署名、押印は必須。

相続財産の分割方法を指定する遺言書

妻に土地・建物の共有部分を相続させる

遺言者の持ち分を相続させる

夫婦で共有になっている土地や建物は、妻に相続させる旨の遺言がないと、相続財産として分割対象になってしまいます。妻の住まいを確保しておきたい場合は、遺言しておきましょう。

共有部分を妻に相続させることによって、他の相続人の遺留分を侵害する場合は、遺留分の侵害額請求をしないよう希望する旨を記しておきます。法的効力はありませんが、現実として子は侵害額請求しにくいでしょう。

遺言書

遺言者宮崎正人は、妻スミ子が遺言者の死後も自宅に住み続けることができるよう、次のように遺言します。

一、次の土地、建物を妻スミ子に❶相続させます。

1　土地

❶不動産の登記にかかる登録免許税は、相続では0・4％ですが、贈与では2％。さらに贈与では不動産取得税3％がかかります。相続人には単独で登記申請できるよう、「相続させる」を使います。

宅地　壱百参拾・八平方メートル
遺言者の持ち分　三分の二
2
建物
右同所同番地○所在、家屋番号○番○
木造瓦葺二階建居宅
一階　六拾五平方メートル
二階　参拾弐平方メートル
遺言者の持ち分　三分の二

二、長男正行、長女平野真理には、父の思いをくんで、それぞれ遺留分の侵害額請求を行わないことを願います。

令和○年○月○日

遺言者　宮崎正人　（印：宮崎）

❷土地、建物を別々に項目立てして、それぞれ登記事項証明書どおりに記載し、持ち分を記します。

❸「遺留分の侵害額請求をしないでほしい」と書いても、法的な効力はありませんが、その理由も書き添えることで、遺言者の思いを伝えることができます。

❹日付、署名、押印は必須。

妻にマンションの一室を相続させる

一棟の建物、専有部分、敷地権に分けて記入する

区分所有のマンションの場合は、一棟の建物、専有部分、敷地権の3項目を、それぞれ登記事項証明書どおりに記載します。一棟の建物は「所在、建物の名称」、専有部分は「家屋番号、建物の名称、種類、構造、床面積」、敷地権は「土地の符号、所在および地番、地目、地積、敷地権の種類、敷地権の割合」を記載します。

遺言書

遺言者原田雄一郎は次のように遺言する。

一　遺言者が所有する財産のうち、次のものを妻真知子に相続させる。❶

1　一棟の建物の表示

東京都板橋区加賀〇丁目〇番地〇

タイガーマンション加賀

専有部分の建物の表示❷

家屋番号　加賀〇丁目〇番〇の二〇四

建物の名称　二〇四

鉄筋コンクリート造一階建❸　居宅

二階部分　七二・〇〇平方メートル

敷地権の表示

土地の符号1

所在および地番　東京都板橋区加賀〇丁目〇番〇

地目　宅地　地積　八五〇二・四五平方メートル

敷地権の種類　所有権

敷地権の割合　〇〇〇分の一

令和〇年〇月〇日

遺言者　原田雄一郎 ㊞（原田）❹

❶マンションの場合も、譲る相手が相続人の場合は、「譲る」や「与える」ではなく、「相続させる」を使います。

❷一棟の建物、専有部分、敷地権について記載します。

❸何階建てのマンションでも、専有部分が1階分であれば「一階建」と記載します。

❹日付、署名、押印は必須。

相続財産の分割方法を指定する遺言書

妻に預貯金を相続させる

口座が特定できるように記載する

預貯金を渡す場合は、口座が特定できるように、銀行であれば「銀行および支店名、口座の種類（普通・定期など）と口座番号、金額」、ゆうちょ銀行であれば「ゆうちょ銀行、貯金の種類（通常・定期・定額など）、記号、口座番号、金額」を明記します。

利子についての記載にも注意が必要です。

遺言書

遺言者石岡明人は次のように遺言する。

一　妻淳子に次の財産を相続させる。

1　遺言者名義の○○銀行○○支店定期預金
口座番号○○○○○のうち一千万円 ❶

2　遺言者名義のゆうちょ銀行の定額貯金
記号○○○○番号○○○○の貯金の全額と
利子全額 ❷

（中略）

令和○年○月○日

遺言者　石岡明人 ㊞ ❸

❶預貯金の一部を相続させる場合は、金額を明記します。

❷預貯金のすべてを相続させる場合は「全額」「すべて」などとします。

❸日付、署名、押印は必須。

長男と二男に株式を相続させる

株式を特定し、株数か相続分を指定する

株式を相続させる場合は、株式会社名とともに株数を明記します。株式を預託しているときは預託先も明記します。株式を分割して相続させる場合、遺言の作成後に株式を売買するかもしれないときは、株数ではなく「長男に○分の一、二男に○分の一」と、相続分を指定することもできます。

遺言書

遺言者高橋秀一は次のように遺言する。

一　遺言者名義の株式会社○○の株式三万株（○○証券○○支店に預託）を次のとおり相続させる。
長男隆一　二万株
二男和也　一万株

（中略）

令和○年○月○日

遺言者　高橋秀一　㊞

❶株数、預託先を明記。遺言者保管の株式は「遺言者保管分」とします。

❷相続人ごとに株数を明記します。

❸日付、署名、押印は必須。

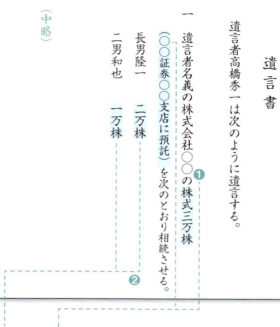

相続財産の分割方法を指定する遺言書

妻に有価証券を相続させる

どの有価証券か特定できるように記載する

国債、公社債、投資信託などの有価証券を相続させる場合も、遺言で特定できるように記載しておきます。「種類、発行日（預入日、償還日）、額面（口数）、預託（保護預かり）先」などを明記します。

遺言書

遺言者飯島孝夫は次のように遺言する。

一　遺言者名義の次の財産を妻奈津代に相続させる。

1　十年利付き国債（平成○年○月○日発行）
額面　三百万円
○○証券○○支店　保護預かり

2　投資信託　○○ファンド
（償還日二〇××年○月○日）　百万口
○○銀行○○支店預託

（中略）

令和○年○月○日

遺言者　飯島孝夫 (飯島)

❶ ❷

❶国債の場合は「種類、発行日、額面、保護預かり先」を明記します。

❷日付、署名、押印は必須。

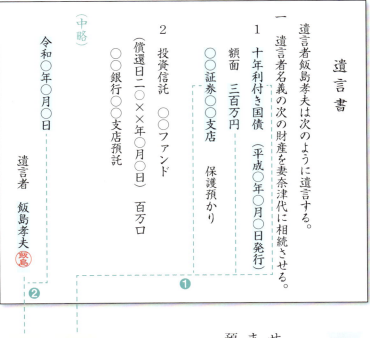

長男に会社や店を継がせる

株式と事業用資産の両方を相続させる

株式会社（特例有限会社を含む）において、遺言者がオーナー経営者である場合、子を後継者にするには、会社の株式と事業用資産の両方を相続させます。

株式会社であれば持ち株（自社株式）を、特例有限会社であれば出資持ち分を相続させます。その他、遺言者個人が所有する財産のうち、事業用にあてられている資産（不動産、備品、在庫品、原料、営業権、特許権、意匠権、営業権、のれん、現金、売掛金、買掛金、債権、電話加入権など）も相続させます。

会社組織ではない個人事業の場合も、事業用の資産を特定し、後継者に相続させておかないと、その他の財産とともに遺産分割の対象となってしまい、事業を継ぐことができなくなってしまうこともあります。ただし、事業用資産を後継者に相続させた場合、他の相続人の遺留分を侵害することもあるので、他の相続人への配慮も必要です。

遺　言　書

遺言者佐伯博康は、遺言者が創立したサエキ食品株式会社の継続と発展を願って、次のとおり遺言する。

一　サエキ食品株式会社の後継者として長男佐伯博之を定め、代表取締役社長とする。❶

二　長男博之に左記の財産を相続させる。

1　遺言者名義のサエキ食品株式会社の株式のすべて❷

2　サエキ食品株式会社が使用する左記の土地および店舗付建物❸

①土地　東京都品川区旗の台○丁目○番○
宅地　四五六・○○平方メートル

②建物　右同所同番地○所在　家屋番号○番○
鉄筋コンクリート造陸屋根三階建

3　遺言者名義の○○銀行○○支店の預金全額

（中略）

三　右以外の財産については、妻敏子、二男康之、長女高木ゆかりに三分の一ずつ相続させる。

令和○年○月○日❹

遺言者　佐伯博康　㊞（佐伯）

❶後継者の希望を記します。ただし、法的な拘束力はありません。

❷会社の支配に必要な株式を相続させます。

❸会社運営に必要な個人資産を相続させます。借地権や借家権の場合も相続させます。

❹日付、署名、押印は必須。

二男に農業を継がせる

農業経営に関するすべての財産を単独相続させる

財産のほとんどが農地である場合、法定相続人が複数いると農地を分割相続しなければならなくなり、農業経営が成り立たなくなってしまいます。

家業である農業を、1人の相続人に継がせたい場合は単独で相続させるのがベストですが、他の相続人に遺留分の侵害額請求をされることも考えられます。遺留分を侵害する場合は、生前に遺留分の放棄をしてもらえるよう、依頼したほうがよいでしょう。

遺留分の放棄をしてもらえなかった場合は「二男に農業を続けてもらいたい旨」を記し、遺言で依頼します。法的効力はありませんが、遺言者の意思を伝えることはできます。

農業を継がせるには「農業経営に関するすべての財産を相続させる」と記し、財産を具体的に特定します。

遺言書

遺言者今野敬一郎は次のように遺言する。

一　高校卒業後、遺言者を助けて農業経営を続けてきてくれた二男の厚志を農業の跡継ぎと指定し、左記の農業経営にかかわるすべての財産を相続させる。❶

1　土地

（中略・所在、地番、地目、地積を登記事項証明書どおりに記載）

2　土地・建物
（中略・所在、地番、地目、地積を登記事項証明書どおりに記載）❷
3　農機具、備品のすべて（肥料、種苗なども含む）
4　◯◯農業協同組合の遺言者名義の預金全額

二　妻恵子には次の財産を相続させる。

（中略）

三　遺言者名義の◯◯銀行◯◯支店の定期預金全額を長男隆志、長女中村恭子に等しく相続させる。長男隆志と長女恭子の相続分は厚志の相続分とくらべて少ないが、隆志には大学進学時に学費や下宿生活のための仕送りなどの援助をした。恭子には高校卒業後の専門学校進学時の学費、結婚費用の援助などをしている。代々続く農業を継いでくれる厚志のことを考えて、遺留分の侵害額請求をしないよう希望する。❸

令和◯年◯月◯日❹

遺言者　今野敬一郎　（印：今野）

❶農業経営に関するすべての財産とは「田畑、山林などの土地、農業機械や備品、未登記の納屋、家畜、農業経営資金となる預貯金および負債など」。それぞれ種類別に記載します。

❷土地は借地も忘れずに相続させます。借地権も相続財産です。

❸遺留分の侵害額請求をしないよう求めます。

❹日付、署名、押印は必須。

長男に墓や仏壇を継がせる

祭祀承継者を指定する

先祖代々の墓地や墓石、仏壇や仏具、位牌、神棚、系図などを祭祀財産といい、これを受け継ぐ人を「祭祀承継者」といいます。祭祀承継者は、生前に指定しておくこともできますが、遺言で指定することもできます。

祭祀財産は遺産分割の対象となる相続財産ではないので、相続人のだれをも指定することができますが、墓地の永代使用権の承継には制限がある場合もあるので、墓地管理者の確認が必要です。

また、墓地の永代使用権は財産として価値の高い場合もありますが、高額な管理料などの維持費や、先祖の供養に費用がかかることもあります。祭祀承継者には、その分の財産を指定して相続させておくとよいでしょう。

なお、祭祀承継者の指定がなければ慣習に従って承継者が決められます。決まらない場合は、家庭裁判所に申し立てて決めることになります。

遺言書

遺言者佐々木信治は次のとおり遺言する。

一　遺言者は佐々木家の❶祭祀承継者を長男の信介に指定する。○○霊園の墓地の永代使用権および墓石、仏壇、位牌ほか、❷祭祀に必要な財産を信介に相続させる。

二　❸祭祀にかかる費用として、遺言者名義の○○銀行○○支店の定期預金（口座番号○○○○）を祭祀承継者信介に相続させる。信介はお盆やお彼岸、先祖の命日などには❹供養を怠らず、墓を守っていくこと。

三　第一項、第二項以外の財産の相続分を次のように指定する。

（中略）

令和○年○月○日❺

遺言者　佐々木信治　㊞（佐々木）

❶承継者の名前を明記します。

❷祭祀財産を相続させます。

❸祭祀費用として余分に相続させておくとよいでしょう。

❹「命日には墓参りを」「仏壇には毎日拝礼を」と記しても、あくまでも希望で、強制力はありません。

❺日付、署名、押印は必須。

愛用品やコレクションを贈る

贈る相手と品物を特定する

愛用品や着物、貴金属、宝石類、コレクションなどは、死後、相続人による遺産分割協議（172ページ参照）や形見分けによって分け合うのが一般的ですが、贈りたい相手がいる場合は遺言しておきます。

遺言には贈る相手と品物が特定できるように、贈る相手ごとに別項にして記載します。1人の人に複数贈る場合は、1点ごとに項目に分けて書くようにします。

遺言を書いたら、贈る品物自体も遺族が判別できるように整理し、鑑定書などがあれば添えておきます。

遺言書

遺言者石原留美子は、遺言者が大事にしてきたものを、家族や親しい友人に贈りたいと考え、次のように遺言します。

一　遺言者は、❶長女栗原玲子に次のものを相続させる。
1　遺言者の❷ダイヤモンドの婚約指輪1個（○○社製1カラット、プラチナ台、鑑定書付き）

❶贈る相手を1人ずつ項目立てします。相続人の場合は「相続させる」、相続人以外には「遺贈する」とします。

❷贈る物が特定できるように、1点ずつ特徴を明記します。

2 ○○社の女性用腕時計1個（18金製、黒革ベルト付き）

3 ○○作の加賀友禅の訪問着1着（山吹色、扇面柄）

二 遺言者は、妹前島園子に○○社の2連パールネックレスを遺贈する。

三 遺言者は、長男友也の妻小百合に○○社のエメラルドのブローチ（2カラット、プラチナ台）を遺贈する。

四 遺言者は、❸長男友也の長女裕香に、遺言者のコレクションであるフランス製アンティークドールのすべてを遺贈する。

五 遺言者は、幼少のころからの親友である❹東京都江東区大島○丁目○番地在住の秋元佳世（昭和○年○月○日生）に、○○作のリトグラフ1点（○号、額装込み、鑑定書付き）を遺贈する。秋元佳世が遺言者よりも先❺に亡くなった場合は、同人の長女紗枝子（昭和○年○月○日生）に遺贈する。

令和○年○月○日❻

遺言者　石原留美子　㊞（石原）

❸まとめて贈りたい場合は「所有する和服のすべて」「オーディオセット一式（レコードプレーヤー1台、CDプレーヤー1台、スピーカー4機）」などとします。

❹相続人以外に贈る場合は、相手が特定できるように、住所、氏名、生年月日などを記載します。

❺相続開始前に相手が亡くなった場合、遺言のその部分は無効になります。かわりに贈りたい相手がいる場合は記載します。

❻日付、署名、押印は必須。

相続権のない人に財産を譲る遺言書

相続人は妻と子だが、母親にも譲る

「相続」ではなく、「遺贈」になる

遺言者に妻と子がいる場合、母親には相続権はありません。

法定相続人以外に財産を譲る場合は、親族であっても相続ではなく「遺贈《いぞう》」になります。遺言の記載は「相続させる」ではなく「譲る」「与える」「贈る」などでもかまいませんが、「遺贈する」としておくと明確です。

遺言書

遺言者小倉和哉は、次のように遺言します。

一　遺言者の母小倉真知子に❶次の財産を遺贈する。

1　○○銀行○○支店の遺言者名義の定期預金
（口座番号○○○○○）の全額

2　土地　長野県諏訪市○○町○番地
山林　壱千八百平方メートル

二　右以外の❷財産の相続分を次のように指定する。

妻小百合　二分の一
長男拓哉　四分の一
二男真哉　四分の一

令和○年○月○日❸

遺言者　小倉和哉　小倉

❶相続人以外に譲る場合は「遺贈」になります。

❷相続人ごとに相続分を指定しておきます。

❸日付、署名、押印は必須。

相続権のない人に財産を譲る遺言書

世話になっている嫁に譲る

遺留分に配慮し、遺贈する

どんなに世話になっても、息子の妻、つまり嫁に相続権はありません。財産を譲るには、遺言する必要があります。特に息子が亡くなっていて、遺言者名義の家に同居している場合など、遺言がないと相続による不動産の分割により、住む場所を失うこともあります。特別の寄与の制度（9ページ参照）により、嫁は特別寄与者として相続人に金銭請求できるようになりましたが、遺言を残したほうがトラブルを防げます。ただし法定相続人の遺留分への配慮も必要です。

遺言書

遺言者小林健一郎は次のように遺言する。

一　長男勝彦の存命中も亡きあとも、献身的に私の世話をしてくれた、勝彦の妻小林文江（昭和○年○月○日生）に、現在、居住している遺言者名義の次の物件を遺贈する。❶ 文江が今後の生活に困らないように考えたうえである。

1　土地
（中略・登記事項証明書どおりに記載）

2　建物
（中略・登記事項証明書どおりに記載）
❷

令和○年○月○日 ❸

遺言者　小林健一郎 ㊞

❶「遺贈する」とし、理由を記しておきます。

❷土地、建物に分けて登記事項証明書どおりに記載します。区分所有マンションの場合は88ページ参照。

❸日付、署名、押印は必須。

内縁（事実婚）の相手に譲る

婚姻関係にないと相続権はない

事実婚の関係で長年、夫婦として生活してきたとしても、法律上の婚姻関係になければ内縁関係となり、法定相続人にはなれません。内縁の相手に財産を譲りたい場合、遺言には相手の住所、氏名、生年月日と、遺贈《いぞう》する財産を特定して明記します。法定相続人がいる場合は遺留分への配慮も必要です。

「財産の何分の何を譲る」としてもよいのですが、トラブル回避には財産を特定しておいたほうがよいでしょう。

なお、内縁の相手との間に子があり、その子を認知している場合は、子は法定相続人となります。

法定相続人がいる場合

遺言書

遺言者高木哲夫は、以下のとおり遺言する。

一　遺言者の所有する財産中、次のものを、❶東京都世田谷区若林○-○-○在住の内縁の妻土井和代（昭和○年○月○日生）❷に遺贈する。

1　○○銀行○○支店の遺言者名義の預金全部。

（中略）

二　右以外の財産は、❸娘高木加奈子と息子高木雄二にそれ

❶内縁の相手の住所、氏名、生年月日を明記します。

❷相続ではなく「遺贈」とします。

❸法定相続人がいる場合は遺留分にも注意します。

それ二分の一ずつ相続させる。

三　本遺言の遺言執行者に次の者を指定する。❹

東京都渋谷区渋谷○－○－○

弁護士　金田徹也

令和○年○月○日 ❺

遺言者　高木哲夫 （高木）

❹遺言執行がスムーズに行われるよう、遺言執行者を指定しておきます。

❺日付、署名、押印は必須。

法定相続人がいない場合

遺言書

遺言者高木哲夫は、次のとおり遺言する。

一　遺言者の所有する財産のすべてを、❶ 東京都世田谷区若林○－○－○在住の内縁の妻土井和代（昭和○年○月○日生）に遺贈する。

二　本遺言の遺言執行者に次の者を指定する。❷

（中略）

令和○年○月○日 ❸

遺言者　高木哲夫 （高木）

❶他に法定相続人がいなければ、全財産を遺贈することもできます。

❷トラブルを防ぐために遺言執行者を指定しておきます。

❸日付、署名、押印は必須。

相続権のない人に財産を譲る遺言書

養子縁組をしていない妻の連れ子に譲る

養子縁組をしなければ他人

妻に連れ子がいる場合、法的に養子縁組をしていないと、連れ子に相続権はありません。財産を譲るには遺言が必要です。

再婚で先妻との間に子がいる場合でも、再婚相手の子と養子縁組をすれば、連れ子には、実子と同じ相続分があります。養子縁組は遺言ではできないので、生前に手続きをしておく必要があります。

遺言書

遺言者高嶋俊之は、次のように遺言する。

一　遺言者の所有する次の財産を❶、妻尚子の長女綾香（平成○年○月○日生）に遺贈する。

1　○○銀行○○支店の遺言者名義の定期預金（口座番号○○○○○○）の全額

二　右以外の財産を妻尚子と、長男晴之に、等分❷に相続させる。

三　本遺言の❸遺言執行者に左記の者を指定する。

（中略）

令和○年○月○日❹

遺言者　高嶋俊之　（印：高嶋）

❶遺贈する財産は特定しておいたほうがトラブルになりにくい。

❷他に相続人がいる場合は、遺留分に配慮が必要です。

❸トラブルを防ぐために遺言執行者を指定しておきます。

❹日付、署名、押印は必須。

継母に財産を譲る

「遺贈」として譲る理由を記載

親の再婚相手と養子縁組をしていない場合は、親の配偶者は法的には「他人」であり、遺言者の法定相続人にはなれません。財産を譲るためには遺言が必要です。

なお、養子縁組をしていた場合は、法定相続人としての順位は実の親と同じ第2順位となります。

遺言書

遺言者太田充輝は、次のように遺言する。

一 遺言者名義の左記の預金を、母太田英代（昭和○年○月○日生）に遺贈する。❶ 実母亡きあと、父との間に生まれた弟たちと分けへだてなく育ててくれたことへの感謝の気持ちを込めて❷のことである。

○○銀行○○支店の遺言者名義の定期預金（口座番号○○○○○○）の全額

令和○年○月○日❸

遺言者　太田充輝　㊞

❶「遺贈する」とします。

❷他の相続人の理解を得るために理由を書いておきます。

❸日付、署名、押印は必須。

娘婿に財産を譲る

養子縁組をしていない娘婿に相続権はない

結婚にあたって妻の姓を選び、男性が妻の姓を名乗っても、妻の両親と男性との間に法律上の親子関係はありません。妻の両親が亡くなっても、男性は法定相続人にはなれません。

娘婿と養子縁組をしていない場合、財産を譲りたければ遺言が必要です。養子縁組をすれば法定相続人となり、その相続分は実子と同じになります。

遺言書

遺言者滝田雄二は次のように遺言する。

一　遺言者の所有する財産のうち、次のものを長女滝田夏美の夫である滝田和裕（昭和○年○月○日生）に❶遺贈する。

1　○○株式会社の遺言者名義の株式○○株

2　○○銀行○○支店の遺言者名義の定期預金の全部

（中略）

二　右以外の財産は妻滝田薫、長女滝田夏美に等分に相続させる。

令和○年○月○日❷

遺言者　滝田雄二　㊞

❶娘婿であっても養子縁組していなければ相続人ではないので「遺贈する」とします。

❷日付、署名、押印は必須。

相続権のない人に財産を譲る遺言書

孫に財産を譲る

遺言書

遺言者今井浩一は次のように遺言する。

一　遺言者の財産のうち、次のものを孫の佐藤明日香（昭和○年○月○日生）に遺贈する。❶

1　○○銀行○○支店の遺言者名義の定期預金のうち、金五百万円

2　自宅リビングルームに飾ってある○○画伯作の風景画（○号）一点

ほかの孫たちには不満もあるかと思うが、明日香は幼いころから遺言者の病院の付き添いや、食事の世話などもしてくれた。また、明日香の絵の才能は周囲の認めるところでもある。絵の勉強に役立ててもらいたいと考え、感謝の気持ちを込めて贈る。❷

令和○年○月○日 ❸

遺言者　今井浩一　㊞（今井）

遺贈する財産と理由を明記

孫が相続人となれるのは代襲相続人《だいしゅうそうぞく》の場合です。代襲相続となるのは、遺言者の子（孫の親）が①**遺言者が亡くなる前に死亡している**、②**相続欠格者である**、③**相続人廃除をされている**、のいずれかの場合です。

孫が代襲相続人でない場合は、財産を譲るためには遺言が必要です。

❶遺言には孫の名前、贈る財産を明記します。

❷他の相続人などの心情を考えて、遺贈する理由も記しておきます。

❸日付、署名、押印は必須。

甥や姪に財産を贈る

遺留分に配慮し、遺贈の理由を明記する

甥や姪が法定相続人となるのは、限られた状況のとき（代襲相続《だいしゅうそうぞく》の場合）のみです。相続権のない甥や姪に財産を贈りたければ遺言が必要です。他に相続人がいる場合はトラブルのもとになりやすいので、理解を得られるように、財産を贈る理由を明確に記しておきましょう。また、遺留分への配慮も必要です。

相続人が兄弟姉妹のみの場合は、兄弟姉妹には遺留分がないので、甥や姪に全財産を贈ることもできます。

遺言書

遺言者内藤清子は次のように遺言します。

一 ❶父森康介には、次の財産を相続させます。

1 ○○銀行○○支店の遺言者名義の定期預金（口座番号○○○○）全額

（中略）

二 甥の内藤厚也（昭和○年○月○日生）には、❷次の土地と建物を遺贈します。

1 土地 東京都新宿区落合○丁目○番○
宅地 百二十平方メートル

2 建物 右同所同番地○所在、家屋番号○番○

相続人が遺言者の父親のみの場合

❶法定相続人の遺留分には十分配慮します。

❷贈る財産を特定しておきます。

❸法定相続人と血縁関係にない甥や姪（配偶者の血族）に贈る場合は、トラブルが予想されるので、理由を明確にしておきます。

木造スレート葺二階建居宅
一階五十平方メートル
二階三十二平方メートル

夫亡きあと甥の内藤厚也夫妻は子どももなく一人暮らしの私を案じて、実子以上に親身になって世話をしてくれました。③感謝のしるしに自宅の土地、建物を譲ります。

三　この遺言の遺言執行者に左記の者を指定します。
東京都中野区鷺宮〇丁目〇番地〇号
弁護士　谷沢健太

令和〇年〇月〇日 ④

遺言者　内藤清子　㊞（内藤）

④日付、署名、押印は必須。

相続人が遺言者の父親のみの場合

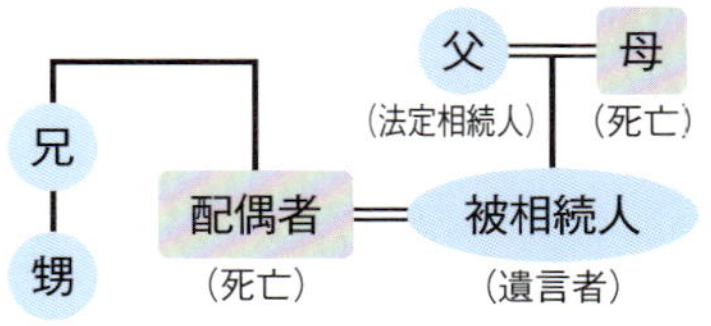

相続人が兄弟姉妹のみの場合

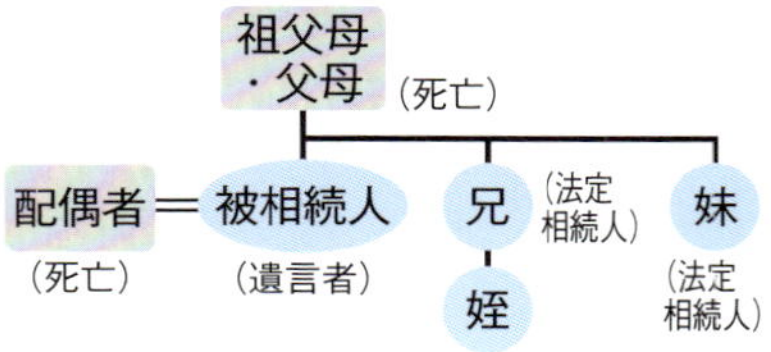

相続人が兄弟姉妹のみの場合

遺言書

遺言者内藤清子は所有する財産のすべてを、姪の中島ゆかりに遺贈する。①

令和〇年〇月〇日 ②

遺言者　内藤清子　㊞（内藤）

①兄と妹が法定相続人だが、兄弟姉妹には遺留分はないので、すべて姪に譲ることができます。

②日付、署名、押印は必須。

世話になった人に贈る

①相続人がいる場合

相手が特定できるように明記する

世話になった人や恩人など、他人に財産を贈る場合は、遺言に相手の氏名、住所、生年月日を明記し、受遺者が特定できるようにします。法定相続人がいる場合は、遺留分に配慮し、また相続人の理解を得られるように贈る理由も明確に記しておきます。

遺留分を侵害していると、相続人から侵害額請求をされ、侵害した分を返還しなければなりません。トラブルを防ぐためには、生前に、遺言者が第三者へ財産を譲る意思があることを推定相続人に伝えて了解を得ておくことも考えられますが、法的効力はありません。

遺言が確実に執行されるように、遺言執行者を指定しておきます。

なお、受遺者が遺贈を辞退した場合、財産は法定相続人が相続します。

遺言書

遺言者田中哲弥は次のように遺言する。

一　遺言者の所有する財産のうち、左記のものを幼少時に父を亡くした私の面倒を長年にわたって見てくれた、

❶遺贈の理由を明確にしておきます。

千葉県浦安市○○町○丁目○番在住の福島正信（昭和○年○月○日生）に遺贈する。

1 ○○銀行○○支店の遺言者名義の定期預金（口座番号○○○○）のうち、金三百万円

二 受遺者の福島正信が前項の遺贈を放棄した場合は、前項の財産を東京都杉並区成田○丁目○番地の公益法人「○○○○」に寄付する。

三 本遺言の遺言執行者として次の者を指定する。

東京都中野区本町○丁目○番地○号

弁護士　友田信治

令和○年○月○日

遺言者　田中哲弥 ㊞

❷贈る相手の住所、氏名、生年月日などを明記して、財産を特定できるようにしておきます。

❸受遺者が遺贈を放棄した場合、相続人以外に贈りたい相手がいれば、別項に記載します。

❹遺言執行者を指定しておきます。

❺日付、署名、押印は必須。

世話になった人に贈る ②相続人がいない場合

遺言執行者を指定しておく

相続人がいない場合、遺言がなければ特別縁故者からの申し立てがない限り、財産は国のものになってしまいます。世話になった人に贈る場合は遺言書を作成しておきます。遺言には受遺者が特定できるように、住所、氏名、生年月日などを明記し、贈る理由も記しておきます。遺言が確実に執行されるように、遺言執行者を指定しておきます。

受遺者が遺贈を辞退した場合の、処理の仕方についても記しておいたほうがよいでしょう。

財産は、相手が受け取りやすいように、換金処分して遺贈するのもひとつの方法です。

遺言書

遺言者浅川武治には配偶者も子もなく、兄弟姉妹、父母もすでに亡くなっていて相続人がいないので、財産は世話になった人に遺贈したい。よって、次のように遺言する。

一　遺言者の所有する左記の土地、建物を❶換金処分し、その全額を❷東京都大田区北千束○丁目○番○号居住の中村哲夫（昭和○年○月○日生）に遺贈する。家庭に恵

❶不動産をそのまま遺贈することもできますが、換金処分して贈ることもできます。

❷遺贈する相手が特定できるように「住所、氏名、生年月日」を明記します。

まれなかった遺言者の面倒を長年にわたり見てくれ、また晩年は健康を害した遺言者の介護をしてくれたことへの感謝の気持ちである。❸

1 土地
東京都目黒区緑が丘○丁目○番○
❹宅地　百九十平方メートル

2 建物
右同所同番地○所在、家屋番号○番○
木造モルタル平屋建居宅
九十五平方メートル

二 第一項の残りの財産はすべて換金処分して、左記の公益法人に寄付する。もし受遺者中村哲夫が遺贈を辞退した場合は、第一項の財産も左記の公益法人に寄付する。❺
東京都世田谷区代沢○丁目○番地
公益法人「○○○○」

三 本遺言の❻遺言執行者に左記の者を指定する。
東京都世田谷区下馬○丁目○番地○号
弁護士　石山和久

令和○年○月○日❼

遺言者　浅川武治（印：浅川）

❸贈る理由も明記します。

❹不動産は土地、建物を別項にし、それぞれ登記事項証明書どおりに記載します。

❺受遺者が辞退した場合の処理方法を指定しておきます。

❻遺言執行者を指定しておきます。

❼日付、署名、押印は必須。

相続権のない人に財産を譲る遺言書

愛人に財産を譲る

相続人の遺留分を考慮し、財産を特定遺贈する

戸籍上の妻とは婚姻生活が破綻して別居期間が長く、愛人との同居期間のほうが長くなっていても、相続権は妻にあり、愛人にはありません。愛人に財産を譲りたければ遺言しなければなりません。

愛人に財産を遺贈する場合には、妻や子などの相続人の遺留分を考慮する必要があります。法定相続人が戸籍上の妻のみ、また妻と子の場合、遺留分は2分の1となります。遺留分を侵害しない範囲で譲りたいと考えると、愛人には2分の1まで譲ることができます。

「妻に2分の1相続させ、残りの2分の1を愛人に遺贈する」という内容の遺言もすることもできますが、トラブルを回避するためには財産を特定して遺贈したほうがよいでしょう。遺言がスムーズに実行されるよう、遺言執行者を指定しておきます。

遺言書

遺言者畠山英行は次のように遺言します。

一　遺言者の❶妻畠山理恵子に次の財産を相続させる。

1　土地

❶遺言書の順序に決まりはないが、心情を考慮し、戸籍上の妻と子を先にしたほうがよいでしょう。戸籍上の妻と妻との間の子の相続分は全財産の2分の1以上になるように指定します。

（中略・登記事項証明書どおりに記載）
2　建物
（中略・登記事項証明書どおりに記載）
3　遺言者名義の○○銀行○○支店の定期預金のすべて
二　遺言者の長男畠山正文には遺言者名義の○○株式会社の株式五千株を相続させる。
三　❷千葉県習志野市○○町○丁目○番○号在住の加藤美幸（昭和○年○月○日生）に次の財産を遺贈する。
1　土地
（中略・登記事項証明書どおりに記載）
2　建物
（中略・登記事項証明書どおりに記載）
四　本遺言の❸遺言執行者に次の者を指定する。
東京都杉並区和田○丁目○番○号
弁護士　谷口剛志
令和○年○月○日❹
遺言者　畠山英行　㊞（畠山）

❷受遺者が特定できるように、住所、氏名、生年月日を明記します。愛人への遺贈は遺留分を侵害しない範囲が望ましいでしょう。

❸遺言執行者を指定しておきます。

❹日付、署名、押印は必須。

財産の一部を寄付したい

遺贈先を明示し、遺言執行者を指定

公益法人や研究団体など、公益事業に寄付をしたいときは、遺贈《いぞう》先の名称、所在地を明記し、贈る理由も明確にしておきましょう。

財産のすべてを寄付したいという場合もあるでしょう。相続人がいない場合は、遺言がなければ財産は国庫に帰属してしまうので問題はありませんが、相続人がいる場合は、トラブルを防ぐために遺留分への配慮が必要です。

なお、遺贈先が税金を負担しないですむためには、

❶公益性がきわめて高い事業である
❷遺贈された財産を事業のために使う
❸特定の者とその家族、親戚によって運営される公益事業ではない
❹遺贈されてから2年以内に事業のために使う

といった条件があります。

遺言書

遺言者山田孝子は次のとおり遺言します。

一　遺言者は難病研究に役立てるため、遺言者名義の○○銀行○○支店の定期預金の全額を、❶医療法人「難病医学総合研究所」（東京都中央区勝鬨○丁目○番地）に

❶遺贈先の名称、住所を明記します。

遺贈する。

二　遺言者は遺言者が所有する左記の土地を、出身地の社会福祉法人「〇〇〇」（長野県松本市〇〇町〇丁目〇番地）に遺贈する。

土地　長野県松本市〇〇町〇丁目〇番　地番〇番
宅地　千二百平方メートル

三　第二項において、福祉法人「〇〇〇」から要望があれば、❷換金処分のうえ遺贈すること。

四　第一項から第三項の財産以外のすべての財産は、❸長男直樹と長女美智子に等分に相続させる。

五　本遺言の❹遺言執行者に左記の者を指定する。
東京都千代田区神田神保町〇丁目〇番
税理士　寺本俊也

令和〇年〇月〇日❺

遺言者　山田孝子　㊞

❷金融財産以外の財産を換金して遺贈することもできますが、遺言執行者の指定が必要です。

❸法定相続人がいる場合は遺留分にも配慮します。

❹遺言執行者を指定します。

❺日付、署名、押印は必須。

母親の面倒を見ることを条件に

条件（負担）を具体的に記す

妻の老後の安定した生活を考えた場合、妻自身に多くの財産を相続させることも考えられますが、母親の面倒を見ることを条件に、特定の子どもに財産の大半や全部を相続させることもできます。ただし、他に相続人がいる場合は遺留分への配慮も必要です。このように条件をつけて財産を譲る「負担付遺贈」（29ページ参照）は相続権のない第三者にもできます。

遺言書には条件を具体的に記載します。

受遺者《じゅいしゃ》は、遺贈された財産の価額を超えない範囲で、負担した条件の義務を負います。もしも受遺者である子が相続を放棄した場合は、財産は負担による利益を受けるはずだった母親（受益者）が相続します。また、受遺者が、遺産を受け取ったにもかかわらず、負担の義務を果たさない場合、遺言の効力は消滅しませんが、他の相続人は負担の履行を請求することができ、相当期間内に履行しない場合は家庭裁判所に遺言の取り消しを請求することができます。

遺言状

遺言者萩原吾郎は妻典子の老後の生活を考えて次のように遺言する。

一　次の財産を❶長男浩二に相続させる。

❶財産を譲る相手が相続人でなければ「遺贈する」を使います。

1　土地　千葉県市原市○○町○番○
宅地　二百六十五平方メートル
2　建物　右同所同番地○所在、家屋番号○番○
木造瓦葺二階建居宅
一階　百二十平方メートル
二階　七十五平方メートル
3　○○銀行○○支店の遺言者名義の定期預金全額

（中略）

二　長男浩二は母親典子と同居のうえ、同人が生存中、その生活費として月十五万円を毎月末日までに左記の同人名義の銀行口座に振り込むこと。
○○銀行○○支店　普通口座○○○○

三　次の財産を長女北村麻美に相続させる。
○○株式会社の株式　一万株

令和○年○月○日

遺言者　萩原吾郎　㊞

❷相続させる財産を具体的に記載します。

❸「同居すること」「一定の金額を支払うこと」など、条件は第三者にもわかるように具体的に記載します。

❹他に相続人がいる場合は、遺留分に配慮します。

❺日付、署名、押印は必須。

ローンの残っている自家用車を長男に

ローンの承継には債権者の承諾が必要

ローンの残っている財産を特定の相続人に渡したいときは、ローンを支払うことを条件にして相続させることができます。ただし、本来、負債は債権者が法定相続分に従って各相続人に負担を請求することができます。遺言によってローン（負債）を引き継ぐことになった相続人は、債権者に承諾を得ることが必要です。

遺言には借入先を明記し、手続きに必要な書類も渡せるようにしておきましょう。

遺言書

遺言者荒井康之は次のとおり遺言する。

一　遺言者は次の物件を長男祐介に相続させる。

1　自家用車（中略・登録番号、車種、型式など、車検証をもとに記載）

2　❶右物件購入のための○○銀行○○支店から借り入れた未払いローン

（中略）

令和○年○月○日❷

遺言者　荒井康之　㊞

❶借入先を明記します。

❷日付、署名、押印は必須。

条件付きで財産を譲る遺言書

ペットの世話を依頼する

ペットの世話を条件に財産を遺贈する

ペットの世話を依頼する遺言を書いたとしても、法的効力はありませんが、ペットを引き受けることを条件に財産を遺贈することはできます。死後、ペットのことが心配であれば、世話を引き受けてくれる人の承諾を得て遺言を作成しておきます。

できれば遺言執行者も指定しておきましょう。

遺言書

遺言者高山晶子は次のとおり遺言します。

一　遺言者は遺言者の愛犬パピー（ポメラニアン・メス）を東京都豊島区千川○丁目○番地在住の中田智子（昭和○年○月○日生）に遺贈します。

二　前項記載の犬が遺言者の生存中に死亡しないこと、受遺者中田智子が前項の遺贈を放棄しないことを条件に、次の財産を同人に遺贈します。

1　○○銀行○○支店の遺言者名義の定期預金（口座番号○○○○○）のうち、金二百万円

令和○年○月○日 ❷

遺言者　高山晶子（高山）

❶遺贈の条件を明記します。

❷日付、署名、押印は必須。

障害のある子のために財産を信託にする

信託銀行に遺言信託し、遺言執行者を指定する

相続人に障害者や未成年の子がいて、今後の生活が心配な場合は、財産の管理・運用の期限を決めて信託銀行などに委託し、その利益金を子の生活費としてあてる方法（信託）があります。信託した財産は、信託期間が終わったあとは、相続人が受け取ることができます。

遺言書には「受託者（信託を受ける側）、受益者、信託財産、収益金の支払い方法、信託期間、権利帰属者（信託期間終了後に財産を受け取る権利のある人）」を明記します。信託の手続きをしてもらうために、遺言執行者を指定しておきます。

遺言書

遺言者佐藤秀夫は以下のように遺言する。

一　遺言者は長男佐藤義之の❶財産管理と生活資金給付のために、次のとおり信託する。

1　受託者　○○信託銀行

2　受益者　佐藤義之

❶信託内容を明記します。

3　信託財産　〇〇信託銀行〇〇支店の遺言者名義の
　定期預金（口座番号〇〇〇〇）のすべて
4　収益金の支払い方法　毎月月末に受益者の口座に
　振り込む
5　信託期間　佐藤義之の生存中 ❷
6　権利帰属者　遺言者の相続人 ❸
二　本遺言の遺言執行者として左記の者を指定する。❹
東京都世田谷区南烏山〇丁目〇番地
　弁護士　横山隆太
令和〇年〇月〇日 ❺
遺言者　佐藤秀夫　（印：佐藤）

❷信託期間を「〇年」と限定した場合、信託期間が終了すると、管理されていた財産はその子が受け取ることになります。

❸信託期間が終了したときに財産を受け取る人を指定します。

❹遺言執行者を指定します。

❺日付、署名、押印は必須。

未成年者の後見人を決める

後見監督人の指定もできる

相続人である子が未成年の場合、親権者である遺言者の死後、もう一方の親が親権者として存在すれば、後見人を指定することはできませんが、親権者がいなくなってしまう場合は、後見人を指定することができます。

後見人は親権者にかわって、その子の教育・監護、財産管理を行うことになります。当然ですが、後見人には信頼できる人を選び、事前に承諾を得ておくことが必要です。

後見人を決めておいても、まだ不安が残る場合は、後見人の監督をする「後見監督人」を指定することもできます。

後見監督人は後見人がその任務に不適当と思われる場合には、家庭裁判所に後見人の解任を申し立てることができます。

遺言書

遺言者成沢絵里は次のとおり遺言する。

一　遺言者の長男博一（平成○年○月○日生）および長女

memo

後見人の資格

次のような人は後見人になることができません。

①未成年者（ただし、結婚していれば成年とみなされる）
②家庭裁判所に免ぜられた法定代理人または保佐人
③成年被後見人および被保佐人
④破産者
⑤被後見人に対し訴訟をした者およびその配偶者、直系血族
⑥行方のわからない者

麻奈（平成○年○月○日生）に遺言者の所有する全財産を等分に相続させる。

二　長男博一および長女麻奈の❶後見人として左記の者を指定する。

東京都港区高輪○丁目○番地○号

松田隆行（昭和○年○月○日生）

三　長男博一および長女麻奈の❷後見監督人として左記の者を指定する。

東京都世田谷区若林○丁目○番地○号

田代秀人（昭和○年○月○日生）

四　本遺言の❸遺言執行者に左記の者を指定する。

東京都品川区旗の台○丁目○番地○号

弁護士　森田啓二

令和○年○月○日❹

遺言者　成沢絵里　㊞（成沢）

❶後見人を明記します。

❷後見監督人は複数の人を指定することもできます。

❸遺言執行者を指定しておいたほうがよいでしょう。

❹日付、署名、押印は必須。

遺産の分割を禁止する

5年以内なら禁止できる

遺言者の死後、相続のために財産を分割してしまうと、会社や店が継続できなくなってしまったり、財産が土地と建物だけで、妻の住むところがなくなってしまうなどの心配があるときは、遺言で遺産の分割を禁止することができます。ただし、禁止期間は遺言者の死後5年以内です。

また、分割禁止を遺言しておいても、相続人全員の同意があれば分割できます。相続人の理解が得られるように、遺言者の心情を記しておきましょう。

禁止期限後の財産の分割については、第三者に委託することもできます。

遺言書

遺言者杉野邦明は次のとおり遺言する。

一　遺言者の財産のうち、❶事業用の資産のすべてを、家業継続のために、その❷分割を五年間禁止する。事業用の資産のすべては❶別紙に記載する。

❶分割を禁止する財産の限定もできます。限定した財産はすべて項目を立てて明記します。数が多い場合は別紙に明記します。

❷分割が禁止できるのは相続開始後5年以内。

二　第一項の別紙記載以外の財産は、各相続人の法定相続分に従って相続させる。

三　分割禁止期限内に家業の存続について、長男邦夫、二男明雄、三男忠志の三人で十分に検討をしてもらいたい。遺言者としては家業の継続を希望する。

四　禁止期限後は、左記の者に遺産分割方法の指定を委託する。

東京都港区新橋○丁目○番地○号

弁護士　吉田耕輔

令和○年○月○日

遺言者　杉野邦明　㊞（杉野）

❸分割を禁止しない財産についての相続分や分割方法を指定します。

❹法的な効力はありませんが、遺言者の希望を記しておきます。

❺分割禁止期限後の分割方法の指定を委託することができます。

❻日付、署名、押印は必須。

生前贈与分を相続財産に加えないようにする

特別受益の持ち戻しを免除する

被相続人（遺言者）からの多大な学費の援助や住宅資金、結婚資金、独立資金の援助などは、相続のときに特別受益（26ページ参照）として相続分から差し引きます。これが「特別受益の持ち戻し」です。「特別受益の持ち戻し」は遺言によって免除することができます。特別受益の持ち戻しを免除するときは、どのような贈与を免除するのかを明記します。なお婚姻期間が20年以上の夫婦で、配偶者に居住用不動産の贈与があった場合は、持ち戻し免除の意思表示と推定されます（5ページ参照）。

遺言書

遺言者小倉重夫は次のとおり遺言する。

一　遺言者が長男重明の結婚時に住宅資金として援助した一千万円については、特別受益の持ち戻しを免除する。

令和○年○月○日

遺言者　小倉重夫　㊞

❶いつ、何のために、どれだけの援助をしたのか具体的に記します。

❷「特別受益として計算しない」「特別受益とはしない」などと記します。

❸日付、署名、押印は必須。

さまざまな状況に応じた遺言書

特別受益にあたる生前贈与をはっきりさせる

贈与の金額や目的を明記する

「特別受益の持ち戻し」（26ページ参照）について は、どの生前贈与が特別受益になるのか、金額はいくらなのかなど、遺産分割協議のときにもめることがあります。特別受益に該当する生前贈与を行った場合は、遺言にその旨を記しておくことも、分割協議をスムーズに進めるための一案でしょう。

遺言書

遺言者松坂玲一は次のように遺言する。

一 遺言者は長女青山香織の婚姻に際して、結婚費用として八百万円を援助しているので、この金額を特別受益として持ち戻すこと。

令和○年○月○日

遺言者　松坂玲一　（松坂）

❶「だれに」「いつ」「どのような」援助をしたのか、具体的に記載します。

❷「特別受益として計算すること」などと記します。

❸日付、署名、押印は必須。

寄与分についてははっきりさせる

寄与の内容について具体的に記す

被相続人の財産の維持や増加に特別に貢献した人に、法定相続分とは別枠で、寄与相当の相続分が認められるのが「寄与分」（27ページ参照）の規定です。

寄与分は相続人の話し合いで決められるものなので、遺言に書いても法的な効力はありませんが、寄与分を認めるかどうか、認めるとすればどの程度の額にするかを話し合ううえでの判断材料になります。

寄与については具体的に記すことが大事です。

遺言書

遺言者松本誠一は次のように遺言する。

一　遺言者は次の財産を長女敏江に相続させる。敏江は高校卒業後二十年にわたり、家業の青果店を他の従業員の三分の一の給料で手伝い続けてくれた。敏江の貢献のおかげで店を大きくすることもできた。他の相続人は寄与分として認めてほしい。

1　◯◯銀行◯◯支店の遺言者名義の定期預金（口座番号◯◯◯◯◯）のすべて

二　前項以外の財産は、各相続人にそれぞれ法定相続分どおりに相続させる。

令和◯年◯月◯日

遺言者　松本誠一　㊞（松本）

❶財産の維持増加にどのように貢献したかを具体的に記します。

❷法的効力はありませんが、希望を伝えます。

❸日付、署名、押印は必須。

さまざまな状況に応じた遺言書

行方不明の相続人がいる

不在者財産管理人の選任を依頼する

遺産分割協議（172ページ参照）には相続人全員が参加し、全員の合意がなければ遺産を分割することはできません。相続人に行方不明者がいる場合は、協議を進めることができなくなります。そこで、利害関係人が家庭裁判所に申し立てて行方不明者の財産を管理する不在者財産管理人を選任してもらい、不在者財産管理人が加わって分割協議を行います（158ページ参照）。行方不明者に財産を相続させたい場合は、相続分を指定し、不在者財産管理人の候補者の名前を記しておきます。

遺言書

遺言者新谷雄平は以下のように遺言する。

一　長男幸平には次の財産を相続させる。

（中略）

二　二男龍平には次の財産を相続させる。

（中略）

三　二男龍平は本日現在、生存も所在も不明だが、遺言者の死後も不明のままであれば、左記の者に同人の❶不在者財産管理人を依頼したい。

東京都練馬区北町○丁目○番

江本敏弘

令和○年○月○日❷

遺言者　新谷雄平㊞

❶不在者財産管理人候補者には事前に承諾を得ておき、その名前を記載します。

❷日付、署名、押印は必須。

さまざまな状況に応じた遺言書

相続人を廃除する

廃除の理由を具体的に記す

推定相続人が被相続人（遺言者）を虐待したり、重大な侮辱を与えた場合や、推定相続人に著しい非行があった場合、相続人として廃除することができます（53ページ参照）。

ただし、相続人の廃除には相当の理由が必要で、家庭裁判所に申し立てをして認められなければなりません。

相続人の廃除は生前にもできますが、遺言で廃除する場合は、理由を具体的に記し、遺言執行者を指定します。遺言者の死後、遺言執行者が家庭裁判所に相続人廃除の申し立てをすることになります。

遺言書

遺言者宮崎俊之は以下のとおり遺言する。

一　遺言者の全財産を妻宮崎直美と長女斎藤美奈に等分に相続させる。

二　遺言者の❶長男宮崎俊也を相続人から廃除する。俊也は

❶名前をあげて「相続人から廃除する」とします。

高校生のころから家出をくり返し、遺言者に無断で財産を持ち出すことも数え切れないほどである。注意、指導をしようとする遺言者に暴力をふるい、平成○年○月には、遺言者は肋骨を折られるなど全治八カ月のけがを負い、入院生活も強いられた。別途、医師の診断書を添付する。

以上、相続人廃除に相当する理由である。

三 本遺言の遺言執行者に左記の者を指定する。

東京都品川区五反田○丁目○番地○号

弁護士　鈴木綾子

令和○年○月○日

遺言者　宮崎俊之　（印：宮崎）

❷虐待、侮辱、非行の具体的な内容を記します。

❸客観的な証拠となるものがあれば添付します。

❹遺言執行者を指定します。

❺日付、署名、押印は必須。

相続人の廃除を取り消す

遺言執行者を指定する

生前に相続人の廃除（53ページ参照）をした場合、廃除の取り消しは被相続人（遺言者）にしかできません。生前に廃除の取り消しをする場合は、被相続人が家庭裁判所に廃除の取り消しを申し出ます。

廃除の取り消しは遺言によってもできます。遺言による廃除の取り消しは、遺言者の死後、遺言執行者が家庭裁判所に申し立てをします。いったん遺言に記載した廃除の意思を取り消す場合、自筆証書遺言の場合は、遺言を破棄するか、相続人の廃除の部分を取り消す遺言を新たに作成します。公正証書遺言や秘密証書遺言の場合は、新たに廃除を取り消す旨の遺言書を作成します。

遺言書

遺言者中田純一は次のように遺言する。

一　遺言者が申し立てをし、家庭裁判所の審判を受けて平成○年○月○日に確定した、❶長男哲郎の相続人の廃除を取り消す。

二　本遺言の❷遺言執行者に左記の者を指定する。

（中略）

令和○年○月○日❸

遺言者　中田純一　㊞

❶「相続人の廃除を取り消す」とします。

❷家庭裁判所への申し立てが必要なので遺言執行者を指定します。

❸日付、署名、押印は必須。

さまざまな状況に応じた遺言書

生命保険金の受取人を変更する

死後、保険会社への通知が必要

生命保険金は特定の受取人が指定されていた場合は、受取人の固有の財産となり、相続人の分割対象の財産にはなりませんが、受取人が指定されていない場合は、相続人が保険金の請求権を相続することになります。

保険金の受取人は遺言によって変更することができます。ただし、遺言者の死後、遺言者の意思を保険会社に通知し、契約を変更する必要があります。契約変更が確実に行われるために、遺言執行者を指定しておきます。

遺言書

遺言者会田真史は次のとおり遺言する。

一　遺言者が被保険者となり契約した❶○○生命保険相互会社との生命保険契約（証券番号○○○○○）保険金額六千万円の受取人を妻啓子から❷左記の者に変更する。

東京都江東区清澄○丁目○番地

岩間由美子（昭和○年○月○日生）

二　本遺言の❸遺言執行者として、東京都港区白金○丁目○番○号、弁護士早野一郎を指定する。

令和○年○月○日❹

遺言者　会田真史　㊞

❶保険会社名、契約者名、被保険者名、証券番号、保険金額を明記します。

❷変更する受取人を明記します。

❸遺言執行者を指定します。

❹日付、署名、押印は必須。

愛人との子どもを認知する

認知する子を明記し、遺言執行者を指定する

婚姻関係にない男女の間に生まれた子を、父親が自分の子であると認め、法律上の親子になることを「認知《にんち》」といいます。子が成年に達しているときは、認知には本人の承諾が必要です。子の認知は胎児である場合にもできますが、この場合は母親の承諾が必要です。

遺言により認知することも認められています。遺言には子の住所、氏名、生年月日、母親の氏名を明記します。本籍は認知の手続きに必要なので書いておいたほうがよいでしょう。

認知されると、子は父親の財産の相続権を得ることができます。法定相続分は嫡出子と同等です。

愛人の子に財産を譲る場合は、相続財産は「○分の○」のように相続分を指定するのではなく、トラブルを防ぐためには特定の財産を指定しておいたほうがよいでしょう。

認知の届け出は遺言執行者が行うので、遺言執行者を指定しておきます。

遺言書

遺言者島田健一は次のとおり遺言する。

一 遺言者島田健一と❶河野ゆかり（昭和○年○月○日生）

❶子の母親がだれであるかを明記します。

との間に生まれた左記の子を自分の子として認知する。

本籍　神奈川県横浜市港北区日吉〇丁目〇番地

住所　東京都八王子市南大沢〇丁目〇番地〇号

氏名　河野健太

生年月日　平成〇年〇月〇日

戸籍筆頭者　河野ゆかり ❷

二　遺言者は次の財産を遺言者が認知した河野健太に ❸ 相続させる。

1　〇〇銀行〇〇支店の遺言者名義の定期預金

（口座番号〇〇〇〇〇〇）全額

三　本遺言の ❹ 遺言執行者に左記の者を指定する。

東京都千代田区麹町〇丁目〇番地

弁護士　菊地康史

令和〇年〇月〇日 ❺

遺言者　島田健一 ㊞（島田）

❷認知する子の住所、氏名、生年月日ほか、認知届には本籍や戸籍の筆頭者の記載が必要なので記載します。

❸財産を相続させる場合は他の相続人の遺留分に配慮します。

❹遺言執行者を指定します。

❺日付、署名、押印は必須。

認知症の妻の後見人選任を依頼する

成年後見人の選任を依頼する

妻が認知症などで遺言者の死後、財産の管理などができない場合は、妻の面倒を見ることを条件に子どもに財産を相続させるという方法もありますが、妻に財産を相続させて、財産の管理や療養看護をまかせる、「成年後見人」を選任する方法もあります。

成年後見人制度は相続人が知的障害や精神的な障害、認知症などで判断能力が欠けていたり不十分な場合に、選任された成年後見人が財産の管理や療養看護を行う制度です。必要な場合は配偶者や親族などが家庭裁判所に申し立てて審判を受けたのち、裁判所が後見人登記をします。

遺言には、遺言者の死後、すみやかに成年後見人の選任の手続きをするよう記載します。ただし、成年後見人の選任の手続きに関しては、遺言に記しても法的な強制力はありません。

遺言書

遺言者若林秀人は妻博美の老後の生活を考えて、次のように遺言する。

一　遺言者は妻博美に次の財産を相続させる。

1　土地　　東京都武蔵野市吉祥寺南町◯丁目◯番◯

宅地　二百五平方メートル
2　建物　右同所同番地○所在　家屋番号○番○
木造瓦葺二階建居宅　一棟
一階　百五十平方メートル
二階　六十二平方メートル
3　○○銀行○○支店の遺言者名義の預金のすべて

二　前項以外の財産を長男栄一、長女石橋晴香に等分に相続させる。

三　長男栄一は早急に妻博美の後見人選任の手続きをとること。❶

四　遺言者亡きあと、長男栄一と長女石橋晴香は協力して、母博美の療養看護に努めてほしい。そのための費用は妻博美の相続分から支出し、足りない場合は栄一と晴香が相続した財産の中から支出するよう希望する。❷

令和○年○月○日❸

遺言者　若林秀人　㊞（若林）

❶成年後見人の申し立てでは、申立人を成年後見人として選任してもらうこともできます。

❷強制力はありませんが、遺言者の希望を記しておきます。

❸日付、署名、押印は必須。

作成した遺言書を撤回・訂正する

撤回・訂正はわかりやすく書く

以前に作成した遺言の一部を自筆証書遺言で取り消す場合は、前の遺言のどの部分にあたるのかを明記し、取り消す（撤回する）旨を記載します。書き直す場合は、新たな遺言事項を書き足します。

すべてを取り消す場合は、「遺言者が本日以前に作成した遺言のすべてを取り消す」という一文で取り消すことができます。

いずれも、自筆証書遺言の作成方式に従って作成しないと、無効になってしまいます。

遺言のすべてを取り消す場合

遺言書

遺言者藤岡和彦は❶本日以前に作成した遺言のすべてを取り消す。

令和○年○月○日❷

遺言者　藤岡和彦 ㊞

❶この一文で、以前に作成した自筆証書遺言、秘密証書遺言、公正証書遺言など、すべての遺言を取り消すことができます。

❷日付、署名、押印は必須。

遺言の一部を取り消す場合

遺言書

遺言者三宅智明は、❶平成○年○月○日作成の秘密証書遺言中、第三項を取り消します。

令和○年○月○日❷

遺言者　三宅智明

三宅

❶いつ作成した遺言のどの部分を取り消すのかを明記します。

❷日付、署名、押印は必須。

遺言の一部を書き直す場合

遺言書

遺言者井川美千代は、❶平成○年○月○日に作成した公正証書遺言の第一項を取り消し、次のように変更します。

一　遺言者は長男の井川良平に次の財産を相続させる。

○○銀行○○支店の遺言者名義の定期預金の全額

令和○年○月○日❷

遺言者　井川美千代

井川

❶書き直す部分を明記します。

❷日付、署名、押印は必須。

一般財団法人を設立したいとき

設立の意思表示をし、定款に記載すべき内容を定める

遺言によって一般財団法人を設立することもできます。一般財団法人の設立については「一般社団法人及び一般財団法人に関する法律」によって定められています。以前は、財団法人の目的は公益に関する事業に限られていましたが、現在は、一般財団法人は非営利法人（余剰金の分配を目的としない）ですが、事業目的に制限はありません。設立には300万円（価額）以上の財産の拠出が必要です。設立に許可は必要なく、管轄の法務局に登記申請をします。

遺言で一般財団法人を設立する場合は、遺言により設立の意思表示をし、定款に記載すべき内容を遺言で定め、遺言執行者を定めておきます。定款には「①目的、②名称、③主たる事務所の所在地、④設立者の氏名または名称および住所、⑤設立に際して各設立者が拠出をする財産およびその価額、⑥設立時評議員、設立時理事および設立時監事の選任に関する事項、⑦設立時会計監査人の選任に関する事項、⑧評議員の選任および解任の方法、⑨公告方法、⑩事業年度」の10項目を記載しなければなりません。

遺言書

遺言者田沼省吾は以下のとおり遺言する。

一　遺言者が長年研究を続けてきた、日本の伝統芸能に関する学術的研究をさらに発展させるために、本遺言をもって左記のとおり財産を拠出し、一般財団法人を設立する。❶

1　目的

日本の伝統芸能に関する学術的研究の推進

❶一般財団法人を設立したい意思を表示します。

2　名称 ❷
一般財団法人タヌマ伝統芸能基金

3　主たる事務所 ❸
千葉県八千代市○○町○丁目○番○号

4　設立者の氏名又は名称及び住所
千葉県八千代市○○町○丁目○番○号
田沼省吾

5　設立に際して設立者が拠出をする財産及びその価額
○○銀行○支店の遺言者名義の定期預金
（口座番号○○○○○）　○○円

6　設立時評議員、設立時理事及び設立時監事の選任に関する事項
遺言執行者に一任する。

7　設立時会計監査人の選任に関する事項
遺言執行者に一任する。

8　評議員の選任及び解任の方法
評議員会の決議をもって行う。

9　公告方法
主たる事務所の公衆の見やすい場所に掲示する方法とする。

10　事業年度
遺言執行者に一任する。

二　本遺言の❹遺言執行者に左記の者を指定する。
千葉県市川市○○町○丁目○番地○号
弁護士　川端大介

令和○年○月○日 ❺

遺言者　田沼省吾　（田沼）

❷定款の必要的記載事項の10項目を定めておきます。必要的記載事項を1項目でも欠くと、定款の効力は生じません。

❸名称中には一般財団法人という文字を用います。

❹遺言執行者を指定しておきます。遺言執行者は遺言を執行し、遺言に基づいて定款を作成して公証人の認証を受け、財産の拠出を履行します。法務局への登記申請は設立時代表理事が行います。

❺日付、署名、押印は必須。

葬儀について希望する

相続の遺言書とは別に書く。内容は具体的に

葬儀についての希望は、遺言者の死後、すぐに家族の目にふれなければ意味がありません。相続などの遺言とは別紙に書いて別封筒に入れ、封印はせずに「葬儀について」と表書きし、「死後、すぐに開封すること」と、添え書きしておきましょう。

ただし、葬儀について遺言しておいても法的効力はありません。実際の葬儀に関しての決定権は家族にあります。遺言者の思いを家族に理解してもらうためには、日ごろからよく話し合って具体的な希望を伝えておくことも必要でしょう。

遺言内容も、「家族だけで簡単に」「簡素な葬儀に」などといった抽象的な表現ではなく、家族が実現しやすいように具体的に書いておくことが大事です。

葬儀についての遺言

遺言者岸田靖男は、❶自らの葬儀について、次のように遺言する。

一　死亡の連絡は別紙記載の連絡先のみにすること。

二　告別式は行わず、近親者と、遺言者と親しい前記・別紙記載の友人のみの簡素なお別れの式としてほしい。

❶葬儀についての遺言であることを明記します。

三　お別れの式は左記の葬儀社に連絡をとり、「家族葬」のスタイルで行うこと。❷
東京都世田谷区経堂○丁目○番地
○○フューネラル
連絡先　03・○○○○・○○○○

四　❸供物、供花、香典は辞退すること。死亡連絡の際に、「故人の希望で、香典、供物、供花は辞退させていただきます」と伝えてほしい。

五　第一項以外にも、家族が死亡を通知するべきと考える人がいれば、死後1カ月を過ぎてから、左記の文面を添えた❹死亡通知状を郵送してほしい。
「私なりにいろいろ考えました結果、葬儀は身内だけで簡単にすませることを希望しました。お世話になりました皆様がたには不義理をいたしましたが、最後のわがままとしてお許しください。
岸田靖男」

令和○年○月○日❺
遺言者　岸田靖男　（印：岸田）

❷葬儀についての希望はできるだけ具体的に記載します。従来の葬儀と違う形を希望する場合は、家族が実現しやすいように遺言者自らが準備しておくことも大事です。

❸供物、供花、香典などを辞退する場合は、その旨を明記します。

❹身内だけの葬儀にする場合は、その後の死亡通知についても考えておく必要があります。

❺日付、署名、押印は必須。

葬儀・臓器提供

臓器提供を希望する

家族が納得する理由も明記する

「臓器の移植に関する法律（臓器移植法）」に定められている臓器提供には、「心臓が停止した死後」のほかに「脳死後」の場合があります。「心臓が停止した死後」に提供できる臓器は、腎臓、膵臓《すいぞう》、眼球です。「脳死後」に提供できる臓器は、心臓、肝臓、肺、小腸、腎臓、膵臓、眼球などです。

臓器提供は、以前は書面による本人の意思表示と家族の承諾が必要でしたが、本人の意思が不明な場合も家族の承諾があれば可能になりました。とはいえ、本人の意思がはっきりしていないと、家族はなかなか判断しづらいのが現実です。臓器提供の希望は「臓器提供意思表示カード」や健康保険の被保険者証や運転免許証の意思表示欄に記入する方法、日本臓器移植ネットワークにインターネット意思登録する方法がありますが、遺言によって明確な意思表示ができます（臓器提供を希望しない場合も前記の方法で意思表示が可能）。

遺言には「心臓が停止した死後」なのか「脳死後」なのか、「どの臓器を提供するのか」および希望する理由を書きます。生前に家族の理解を得ておくことも大切です。また、親族（配偶者、子、親）に優先的に提供したい場合は書面による意思表示が必要です。

遺言は死後、すぐに家族の目にふれるよう、相続に関する遺言とは別に書いて別封筒に入れ、封印はせずに「臓器提供についての遺言」と表書きし、「心臓停止後（または脳死後）すぐに開封すること」と添え書きします。

臓器提供についての遺言

遺言者笠原隆二は死後の臓器提供について、次のように遺言します。

一　遺言者笠原隆二は、脳死判定をもって自らの死と認め、臓器移植を待ち望む人たちのために自らの臓器を提供したい。日ごろから脳死や臓器提供については家族と深く話し合ってきて、家族の承諾も得た。しかし、現実に遺言者の死と向かい合ったとき、妻や子どもたちの中に心が揺らぐ者が出てくるかもしれない。遺言者自身の信念は固く、できるだけ多くの人の役に立ちたいと切に願っている。ぜひ、家族全員に納得してもらい、臓器提供を承諾してほしい。
　これが遺言者の家族への最後の願いである。

二　遺言者が臓器提供を希望する臓器は次のとおり。
　心臓、肝臓、肺、小腸、腎臓、膵臓、角膜。その他、皮膚や血管などの組織も、必要とする人があれば提供を希望する。

令和○年○月○日

遺言者　笠原隆二　㊞（笠原）

❶希望するのが「心臓が停止した死後」か「脳死後」なのかを明記します。

❷理由を明記します。

❸提供を希望する臓器を明記します。皮膚や血管、心臓弁、耳小骨などの組織に関しては法律で規定されていませんが、家族の承諾で提供できます。

❹日付、署名、押印は必須。

Q 自筆証書遺言に使う印鑑は認め印でもいいといいますが、実印、認め印とは？

A 市区町村役所に登録した印鑑が実印。実印以外が認め印です

実印とは、市区町村役所に登録した印鑑のことです。印鑑登録は15才以上の人であれば、だれでもできます。ただし、登録できる印鑑には制限があり、原則として戸籍上の氏名、または氏のみ、名前のみを彫った印鑑で、ゴム印や欠けた印は登録できません。また、印影（印を押したあと）の大きさにも決まりがあります。印鑑登録は、身分を証明する書類と登録したい印鑑を持って役所に届け出ます。

市区町村役所に届け出た印鑑、つまり実印であることを証明するのが印鑑登録証明書です。これにより、押印された印が本人のものであることを証明します。実印以外の印鑑が認め印です。自筆証書遺言に使う印鑑は認め印でもかまいませんが、実印のほうがよいでしょう。また、相続時の遺産分割協議書（172ページ参照）には実印による押印が必要です。

Q 他家に養子にいくと、実父母の相続人にはなれない？

A 養子は実父母と養父母の両方の相続人になります

養子には一般養子制度による養子（普通の養子）と、特別養子制度による養子があります。

一般養子制度で養子となった場合は、養父母の嫡出子としての身分を得ますが、実父母や実父母の親族との関係もそのまま続きます。

従って、養父母の相続人となるとともに、実父母の相続人にもなります。相続人としての順位も実兄弟姉妹と同じです。

特別養子制度は両親と家庭に恵まれない子のための制度で、養子縁組には厳しい条件があり、家庭裁判所の審判が必要です。

特別養子制度では、養子は実父母や実父母の血族とも完全に縁が切れ、養父母の実子として扱われます。

特別養子制度で養子となった場合は、実父母の相続人にはなれません。

Q 離婚した場合、相続権はどうなる?

A 別れた相手には相続権はありませんが、実子には相続権があります

離婚により、法的な婚姻関係が終了した相手、つまり元の配偶者は相続人にはなれません。しかし、離婚した相手との子とは、戸籍が同じであっても別であっても血族関係は続いているので、子は相続人となります。

離婚後、再婚をして、再婚相手との間に子がいる場合、先妻と現在の妻との子の相続分は同等です。

嫡出子と非嫡出子

法律上の婚姻関係にある夫婦の子どもを嫡《ちゃく》出子《しゅつし》といいます。それに対し、法律上の婚姻関係にない男女の子どもを非嫡出子《ひちゃくしゅつし》といいます。

非嫡出子は、母親との関係では、認知届を出していなくても、法律上の親子と認められます。つまり、認知されていなくても、子は母親の相続人となることができるのです。一方、父親との関係では、その男性の子であることが認知されていないと、父親の相続人となることはできません。

認知は、子が成人している場合は本人の承諾が必要です。子が胎児の場合は母親の承諾が必要です。子が亡くなっていても、その子に直系卑属（子や孫など）がいれば認知はできます。

認知は遺言によってもできます。生前に認知をされなかった場合、子は被相続人の死後3年以内であれば、認知の訴えを提起することができます。

認知すると法律上の親子関係が成立し、子は生まれたときから父親の子であったことになります。認知された子の相続順位および相続分は、嫡出子と同じです。

Q 外国にいる場合、遺言することはできる？

A 自筆証書遺言はもちろん、公正証書遺言も作成できます

自筆証書遺言の場合は、外国で書いた遺言であっても、日本の民法に従って正しい書式で書かれていれば有効です。

秘密証書遺言や公正証書遺言も作成することができます。ただし、公証人のかわりに、その国に駐在する日本領事が作成手続きをすることになっています。証人は日本人でなくてもかまいませんが、2人以上必要です。

証人には制限があり、①未成年者（婚姻した者は成年とみなされる）、②推定相続人と遺言で財産を贈られる者、およびその配偶者と直系血族、③日本領事の配偶者と四親等内の親族、書記、雇い人、は証人になれません。

また、海外にいる日本人は、その国の法律に従った遺言も作成することができます。

Q 夫婦2人で1通の遺言を書いてもいい？

A 共同遺言は禁止されているので、無効になってしまいます

連名による共同遺言、つまり2人以上の遺言者が1通の遺言書で遺言することは法で禁止されています。ですから、夫婦2人で1通の遺言を書いても無効になってしまいます。どんなに仲のよい夫婦でも、遺言書は妻と夫、それぞれが自分のものを作成しましょう。

PART 3

相続の基本

相続をスムーズに行うには法律で決められた
相続人の範囲や順位、相続分、相続税
などについての知識も必要です。

相続の開始

POINT

- 相続は人が亡くなったときから始まる。
- 相続ではプラスの財産だけでなく、債務などのマイナスの財産も承継する。
- 遺言書の有無によって相続の仕方は異なる。

被相続人の死亡とともに相続は開始される

相続は人が亡くなると同時に開始され、亡くなった人は被相続人となります。相続の権利を持つ人（相続人）は、被相続人の財産上の権利と義務のいっさいを引き継ぐこととなります。相続というと、預貯金や不動産などを受け継ぐといったプラスのイメージですが、「財産上の権利と義務のいっさい」というのは、借金などの債務や損害賠償責任などのマイナスの財産も受け継ぐ、ということです。

なお、裁判所から**失踪宣告**《しっそうせんこく》を受けた人の場合も、死亡したとみなされて相続が開始されます。

遺言書の有無を確認する

被相続人の死後は、できるだけ早く、故人が遺言書を残しているかどうかの確認をします。遺言書の有無によって、だれがどの遺産をどのように受け継ぐかが違ってくるからです。

相続では「遺言による相続は法定相続に優先する」という大原則があります。つまり、被相続人が法的に効力のある遺言書を残していた場合は、原則として遺言書の内容に従って相続が行われます（ただし、相続人全員の同意があれば、遺言に従わなくてもかまわない）。

一方、遺言書がない場合は、財産を相続人のだれが、どの割合で受け継ぐかは、法律によって決まります。これを、**法定相続**《ほうていそうぞく》といいます（ただし、相続人全員の合意があれば、話し合いによって法定相続ではない分け方をすることもできる）。

参照　失踪宣告 158 ページ、法定相続 162 ページ

相続の開始から相続税の申告・納税までのスケジュール

● 相続の開始（被相続人の死亡）

▼

3カ月以内	1 死亡届の提出	7日以内に行う。
	2 遺言書の確認	公正証書遺言、法務局で保管された自筆証書遺言以外は家庭裁判所に提出。検認の手続きを経て開封する。
	3 相続人の確認	被相続人、相続人の戸籍謄本により、相続人を確定する。
	4 相続財産の調査・確認	被相続人の財産を債務などのマイナスの財産も含めて漏れなく調べ、リストアップする。
	5 相続放棄・限定承認の申請	必要であれば相続放棄・限定承認の申請をする。

▼

4カ月以内	6 遺産の評価	相続財産の個々の評価額を算定する。相続税がかかるか、かからないかの目安をつける。
	7 所得税の準確定申告	被相続人の所得税の申告をする。

▼

10カ月以内	8 遺産分割協議	相続人全員による遺産分割協議を行い、遺産分割協議書を作成する。
	9 相続税の計算と提出書類の作成	場合によっては延納・物納の申請準備をする。
	10 相続税の申告・納税	

● 遺留分の侵害がある場合は遺留分の侵害額請求をする（1年以内）。
● 場合によっては相続税の修正申告・更正の請求をする。
※遺産分割については法的な期限はありません。

参照 遺留分 22 ページ、相続税 176 ページ

相続財産と遺産分割の方法

POINT

- 相続の対象となる財産と、ならない財産がある。
- 財産の分割方法には①指定分割、②協議分割、③調停分割・審判分割がある。

相続の対象となる財産

相続の対象になるのは、「被相続人が生前所有していた土地、家屋、現金・預貯金、貴金属・宝石類、書画・骨董《こっとう》、家財道具、株式などの有価証券、借地《しゃくち》権《けん》・借家権《しゃくかけん》など」のプラスの財産のほか、「借金や未払いの税金」などのマイナスの財産ともいうべきものも含まれます。相続の対象にならない財産は「香典、死亡退職金、遺族年金、祭祀財産（墓地・墓石、仏壇、仏具など）」などです。

生命保険金は受取人の名義によって相続の対象になるか、ならないかが違ってきます。被相続人が保険料を負担し、受取人を指定していなかった場合は、相続財産になります。受取人を特定の人に指定していれば、保険金はその指定された人の固有の財産となり、相続の対象にはなりません。ただし、相続税法上は**みなし相続財産**になります。

なお、相続人が複数以上いる場合は、相続が開始されると、財産は相続人全員の共有となります。

相続の開始後は、財産の分割や相続税の計算のために、プラスの財産もマイナスの財産も漏れなくリストアップし、その評価額を出す必要があります。

遺産分割の方法

相続人が2人以上いる場合は財産を分割しなければなりません。分割の方法には①指定分割、②協議分割、③調停分割・審判分割の3つがあります。

■指定分割

「遺言による相続は**法定相続**に優先する」という大

参照 みなし相続財産 177ページ

前提により、被相続人が遺言で財産の分割方法を指定している場合は、それに従います。これが「指定分割」です。遺言による指定が法定相続による相続分と違っていても原則として従いますが、遺留分の請求があった場合は、この限りではありません。また、相続人全員の合意があれば、指定に従わなくてもかまいません。

■協議分割

遺言による指定がない場合、相続人全員が協議（話し合い）をして分割する方法が「協議分割」です。通常は民法の法定相続分を目安にしながら、遺産の性格（不動産、預貯金、有価証券など）、各相続人の生活状況などを考慮に入れて、どのように分割するかを話し合います。なかなか話がまとまらない場合は、法定相続分に従います。協議の際には「**特別《とくべつ》受益《じゅえき》**」や「**寄与分《きよぶん》**」についても考慮に入れます。

■調停分割・審判分割

協議分割は相続人全員が合意しないと成り立ちません。**遺産分割協議《いさんぶんかつきょうぎ》**がまとまらないときは、家庭裁判所に「遺産分割の調停」あるいは「遺産分割の審判」を申し立てることができます（174ページ参照）。

相続の対象となる財産・ならない財産

対象とならない財産

香典（喪主あてに贈られたものとみなされる）、死亡退職金（受給権を持つ人の財産）、遺族年金（受給権を持つ人の財産）、祭祀財産（墓地、墓石、仏壇、仏具、神棚など。祭祀承継者が単独で引き継ぐ）

対象となる財産

プラスの財産

土地・家屋・借地権・借家権・預貯金・有価証券・現金・債権・金銭債権・ゴルフ会員権（一部例外あり）・家財・自動車・書画・骨董・名画・宝石・貴金属類・特許権・著作権など

マイナスの財産

借金・買掛金・借金・住宅ローン・未払いの月賦・未払いの税金・未払いの家賃・未払いの地代・未払いの医療費など

参照　法定相続 162 ページ、特別受益 26 ページ、寄与分 27 ページ、遺産分割協議 172 ページ

相続人の範囲と順位

POINT

- 相続人の範囲と順位は法律により決められている。
- 相続人には配偶者相続人と血族相続人がいる。

法律で決められた相続人の範囲と順位

相続人になれる人の範囲は法律で決まっていて、決められた相続人を「法定相続人」といいます。法定相続人には「配偶者相続人」（被相続人の配偶者）と「血族相続人」があります。血族相続人とは、被相続人と血のつながった親族の中でも、子や孫などの直系卑属、親や祖父母などの直系尊属、兄弟姉妹などで、相続人になれる順位も決まっています。

被相続人の配偶者は常に相続人になれます（法律上の婚姻関係にない内縁の妻や夫には相続権はない）。被相続人の子も常に相続人になれます。また、血族相続人は被相続人に配偶者がいてもいなくても、相続人となることができます。

血族相続人には第1～3の順位があります。第1順位の相続人がいれば、第2順位、第3順位の人は相続人にはなれません。第1順位にあたる人がいない場合に第2順位の人が、第1順位も第2順位にもあたる人がいない場合に第3順位の人が相続人になる仕組みです。

■第1順位　被相続人の直系卑属

第1順位は被相続人の子です。子には**嫡出子**、非嫡出子、養子、胎児、代襲相続《だいしゅうそうぞく》の孫、ひ孫などが含まれます。

■第2順位　被相続人の直系尊属

第2順位は被相続人の直系尊属である父母や祖父母など。被相続人に子がいない場合は父母が、父母がいなければ祖父母が相続人となります。父母のうちどちらかがいれば、祖父母は相続人となれません。

■第3順位　被相続人の兄弟姉妹

参照　嫡出子 149ページ

第3順位は被相続人の兄弟姉妹（半血兄弟姉妹＝異母兄弟姉妹、異父兄弟姉妹も含む）です。

被相続人に直系卑属も直系尊属もいない場合、兄弟姉妹が相続人となります。

代襲相続

被相続人の子がすでに死亡している場合、その死亡した子に子（被相続人の孫）があれば、その子が親の相続分を引き継ぎます。これを「代襲相続《だいしゅうそうぞく》」といいます。相続欠格《そうぞくけっかく》や相続廃除によって相続権を失った人の場合も、その人に子があれば代襲相続ができます。被相続人より先に亡くなった子の子（孫）もすでに死亡しているか相続権を失っているときは、被相続人のひ孫がいればひ孫が代襲相続します。直系卑属には無限に代襲相続が認められています。

被相続人の兄弟姉妹が相続人である場合、その子たち（被相続人の甥・姪）は代襲相続ができますが、さらにその子の場合には認められません。

相続放棄をした人の場合は代襲相続はできません。

法定相続人の範囲とその順位

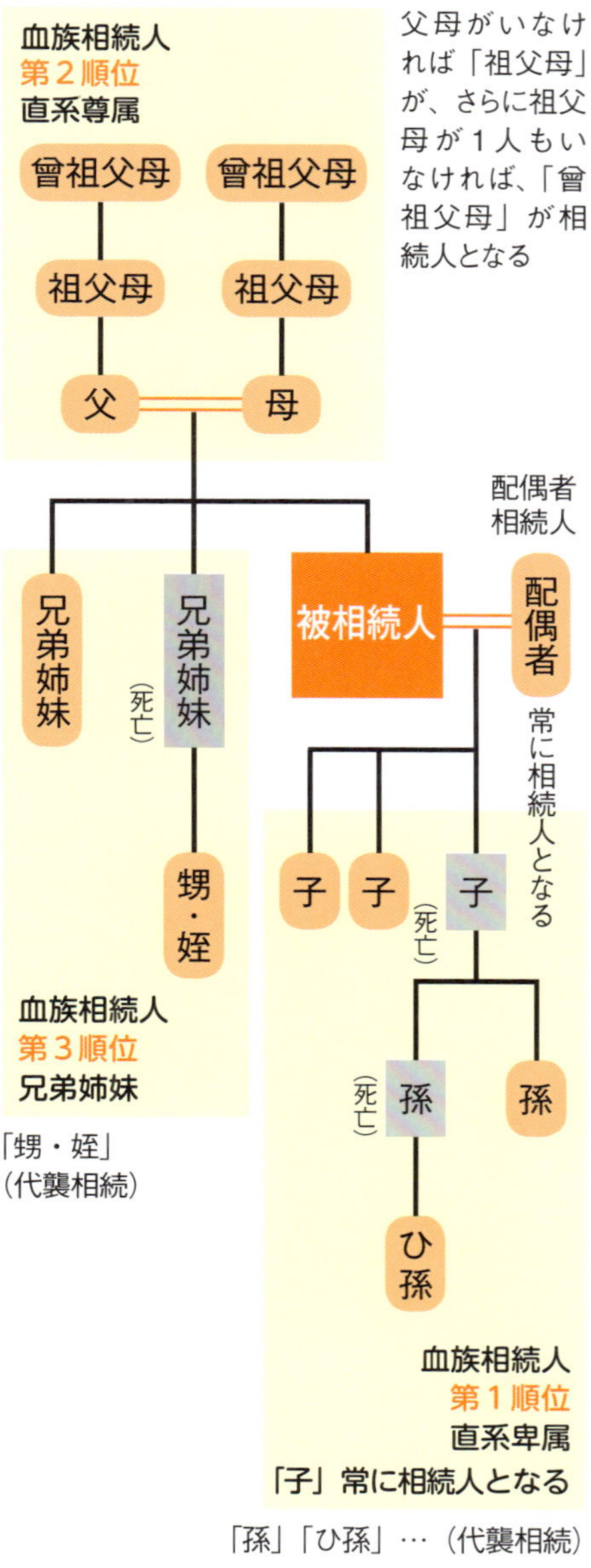

参照 相続欠格 180 ページ、相続廃除 53 ページ

相続人の確定

POINT

- 相続では、すべての相続人を確認することが必要。
- 行方不明者には不在者財産管理人を選定。

被相続人の戸籍をもとに相続人を確定する

相続の手続きを進めるうえで、遺言書の確認の次に必要なのが相続人の確認です。被相続人の生まれてから亡くなるまでの連続した戸籍をすべて取り寄せて、法定相続人にはだれがいるのかを確認します。戸籍を調べるのは、被相続人が遺族も知らないところで子どもをもうけていれば、その子（代襲相続《だいしゅうぞく》人も含む）も相続人となるからです。

行方不明者がいる場合

遺産の分割は、代襲相続人や代理人も含めて、相続人全員による話し合いによって行います。もし、相続人の中に行方不明の人がいれば、話し合いが成り立ちません。

家出などにより音信不通で生死不明の状態（普通失踪《しっそう》）が7年以上続いた場合、海難事故や山岳遭難などにより、死亡したのは明らかなのに遺体が発見されない状況（特別失踪）が1年続いた場合は、家庭裁判所に「失踪宣告」の審判申し立てができます。申し立てができるのは、失踪者の配偶者や利害関係人です。家庭裁判所の審判による失踪宣告の確定後は、10日以内に失踪者の本籍地または申し立てをした人の住所地の市区町村役所に「失踪届」を提出します。届けが受理されると、失踪者は死亡したもの（認定日は状況により異なる）とみなされます。

普通失踪の状態が7年未満の場合は、生きているものとみなされるので、家庭裁判所に失踪者の代理人として遺産分割協議に参加し、分割後の財産を管理する「不在者財産管理人」の選任を申し立てます。

不在者の財産管理人選任申立書

1枚目には申立人と行方不明者（不在者）について記入。2枚目には申し立ての事情と理由、財産管理人の候補者について記載します。申立先は不在者の従来の住所地の家庭裁判所。

受付印

家事（審判・調停）申立書　事件名（不在者財産管理人選任）

この欄に申立手数料としての収入印紙をはる（はった印紙に押印しない）。
1件について甲類審判　800円分
乙類審判1，200円分
調　停1，200円分
（注意）登記手数料としての収入印紙を納付する場合は，登記手数料としての収入印紙は，はらずにそのまま提出する。

貼用収入印紙	円
予納郵便切手	円
予納収入印紙	円

準口頭　関連事件番号　令和　年（家　）第　号

東京家庭裁判所　御中 令和 2 年 9 月 5 日	申立人（又は法定代理人など）の署名押印又は記名押印	川口 洋一　印

添付書類	不在者の戸籍謄本・戸籍の附票各1通　申立人の戸籍謄本1通　財産管理人候補者の住民票1通　不在の事実を証する資料1通　財産目録　土地登記事項証明書1通　建物登記事項証明書1通

申立人	本籍	（戸籍の添付が必要とされていない申立ての場合は，記入する必要はありません。） 東京 都 道 府 県　世田谷区駒沢○丁目○番○号
	住所	〒168－0073　電話 03（1234）5678 東京都杉並区下高井戸○丁目○番○号（　方）
	連絡先	〒　－　電話（　） （　方）
	フリガナ 氏名	川口《カワグチ》 洋一《ヨウイチ》　大正・昭和・平成 昭和 40年 1月 26日生
	職業	
※不在者	本籍	（戸籍の添付が必要とされていない申立ての場合は， 東京 都 道 府 県　世田谷区駒
	最後の住所	〒134－0085 東京都江戸川区南葛西○
	連絡先	〒　－
	フリガナ 氏名	川口《カワグチ》 真二《シンジ》
	職業	無職

申立ての趣旨

不在者の財産管理人を選任する審判を求めます。

申立ての実情

1　申立人は、不在者の兄です。
2　不在者は平成○年○月○日、職を求めて大阪方面へ出かけて以来、音信が途絶え、親戚、友人に照会して行方を捜したが、今日まで所在は判明しません。
3　令和2年6月15日に不在者の父一郎が死亡し、別紙財産目録記載の不動産につき不在者がその共有部分（4分の1）を取得。
4　このたび亡一郎の共同相続人で遺産分割協議をすることになりましたが、不在者は財産管理人を置いていないため、分割協議ができないので、申立の趣旨のとおり審判を求めます。なお、財産管理人として不在者の叔父（亡一郎の弟）である次の者を選任することを希望します。
住所　神奈川県鎌倉市二階堂○丁目○番
（電話番号　0123-45-6789）
氏名　川口二郎（昭和15年5月4日生　職業 会社員）

※申立書および添付書類については、裁判所ウェブサイトにおいて最新の情報を確認してください。

相続人が1人もいないとき

POINT

- 相続人がいないと、財産は国のものになる。
- 特別縁故者は相続財産の分与を申し立てることができる。

相続財産管理人が相続の手続きをする

相続人が1人もいないと思われるときは、財産は法人とみなされ、次のような手続きがとられます。

まず、被相続人の利害関係人（債権者や受遺者《じゅいしゃ》など）や検察官などが、被相続人の住所地の家庭裁判所に、被相続人の財産を管理する相続財産管理人の選任を申し立てます。家庭裁判所は管理人を選任し、選任の公告をします。選任公告後2カ月以内に相続人が現れないときは、選任された管理人は2カ月以上の期間を定めて利害関係人に請求の申し出をするよう公告し、請求のあった債権者や受遺者に財産の中から弁済を行います。この公告期間に相続人が現れないときは、家庭裁判所は相続人捜索の最後の公告をし、期間内（6カ月以上）に相続人が現れなければ相続人の不在が確定し、申し出なかった人は権利を失います。その後、特別縁故者から財産分与の申し立てがあり、認められれば財産を分与します。すべての処理を終えて残った財産は国庫に入ります。

特別縁故者は財産分与の申し立てができる

民法では「被相続人と生計を同じくしていた者、被相続人の療養看護に努めた者、その他被相続人と特別の縁故があった者」を「特別縁故者《とくべつえんこしゃ》」として、申し立てをして認められれば、相続人ではなくても財産の全部または一部を受け取ることができると定めています。具体的には、①一緒に生活していた内縁の妻や夫、②事実上の養子、③病気の看護に尽くした人などで、相続人がいないと確定してから3カ月以内に家庭裁判所に申し立てます。

参照　受遺者 28ページ

特別縁故者に対する財産分与の申し立て

1枚目には申立人（特別縁故者）と被相続人について記入。2枚目には申し立ての理由を詳しく記載します。申立人の住民票または戸籍の附票、被相続人の戸籍謄本、遺産目録などを提出します。申立先は被相続人の最後の住所地の家庭裁判所。

受付印

家事 審判（○） 調停 申立書 事件名（特別縁故者に対する財産分与）

この欄に申立手数料としての収入印紙をはる（はった印紙に押印しない）。
1件について甲類審判 800円分
乙類審判1，200円分
調 停1，200円分
（注意）登記手数料としての収入印紙を納付する場合は，登記手数料としての収入印紙は，はらずにそのまま提出する。

貼用収入印紙	円
予納郵便切手	円
予納収入印紙	円

準口頭 | 関連事件番号 令和 年（家 ）第 号

東京 家庭裁判所 御中 令和 2 年 10 月 8 日	申立人（又は法定代理人など）の署名押印又は記名押印	青木紀子 印（青木）

添付書類	申立人の住民票1通 遺産目録1通 被相続人の除籍謄本1通 被相続人の住民票の除票1通

申立人	本籍	（戸籍の添付が必要とされていない申立ての場合は，記入する必要はありません。） 東京 都（○）道府県 練馬区富士見台○丁目○番
	住所	〒176－0013 電話 03（1234）5678 東京都練馬区豊玉中○丁目○番○号 （ 方）
	連絡先	〒 － 電話 （ ） （ 方）
	フリガナ 氏名	アオキ ノリコ 青木 紀子 大正 昭和（○） 平成 18年 8月 17日 生
	職業	なし
※被相続人	本籍	（戸籍の添付が必要とされていない申立ての場合は， 東京 都（○）道府県 杉並区高井戸
	最後の住所	〒 － 申立人青木紀子の住所と同
	連絡先	〒 －
	フリガナ 氏名	イトウ シンイチ 伊藤 信一
	職業	

（注） 太枠の中だけ記入してください。 ※の部分は，申立人，相

申立ての趣旨

申立人に対し、被相続人の相続財産を分与するとの審判を求めます。

申立ての実情

1 申立人は昭和60年7月3日から被相続人の内縁の妻として同棲してきましたが、ここ7年間は被相続人の療養介護に努めた者です。

2 被相続人は令和元年10月5日に死亡したが相続人がいないので、申立人の申立てにより令和元年11月5日、東京家庭裁判所において相続財産管理人として松田正明が選任され、東京家庭裁判所は相続財産管理人の申立てに基づき相続人捜索の公告をし、令和2年10月5日に公告期間は満了しましたが権利の申出はありませんでした。

3 被相続人には別紙目録どおりの財産がありますが、これは申立人の寄与によって得られたものです。

4 被相続人には遺言もなく相続財産清算後の残余財産は被相続人と特別縁故関係にあたる申立人に分与されたく申立てた次第です。

※申立書および添付書類については、裁判所ウェブサイトにおいて最新の情報を確認してください。

法定相続と相続分

POINT

- 法定相続では各相続人が受け継ぐ遺産の比率（法定相続分）が決まっている。
- 法定相続分の割合は相続人の構成によって異なる。

相続人の構成と相続分

遺言に相続分や遺産分割の方法の指定がない場合は、民法による相続分の定め＝法定相続分に従って遺産分割が行われます。これを法定相続といい、法定相続分の割合は相続人の構成により異なります。

■第1順位の相続　配偶者と直系卑属の場合

被相続人に配偶者と子（直系卑属）がいる場合は、それぞれが遺産の2分の1を相続します。子が複数のときは、2分の1を頭数で等分します。配偶者が死亡や離婚のためにいない場合は、子たちが全遺産を等分して相続します。いずれも子が死亡していて孫がいる場合は、孫が権利を引き継ぎます（**代襲相《だいしゅうそう》続《ぞく》**）。胎児は嫡出子と同じ相続分が認められています。ただし、出生して初めて相続権を有することになります。

■第2順位の相続　配偶者と直系尊属の場合

被相続人に子や孫（直系卑属）がいない場合は、被相続人の直系尊属である父母、父母がいなければ祖父母が、配偶者と遺産を分割します。相続分は配偶者が3分の2、直系尊属が3分の1です。配偶者がいない場合は、直系尊属が全遺産を相続します。

■第3順位の相続　配偶者と兄弟姉妹

被相続人に直系卑属も直系尊属もいない場合は、被相続人の兄弟姉妹が配偶者と遺産を分割します。相続分は配偶者が4分の3で、兄弟姉妹は残りの4分の1を頭数で等分します。異母兄弟姉妹・異父兄弟姉妹（半血兄弟姉妹という）の相続分は同じ父母から生まれた兄弟姉妹の2分の1です。配偶者がいない場合、兄弟姉妹が全遺産を相続します。

参照　代襲相続 157 ページ

法定相続分

相続分（割合）　　斜線は相続人がいない場合

配偶者	$\frac{1}{2}$	$\frac{2}{3}$	$\frac{3}{4}$	全部							
子 第１順位	$\frac{1}{2}$				全部	全部	全部	全部			
親 第２順位	0	$\frac{1}{3}$			0		0		全部	全部	
兄弟姉妹 第３順位	0	0	$\frac{1}{4}$		0	0			0		全部

相続人の組み合わせと法定相続分

〈 妻と子３人（うち１人は養子）の場合 〉

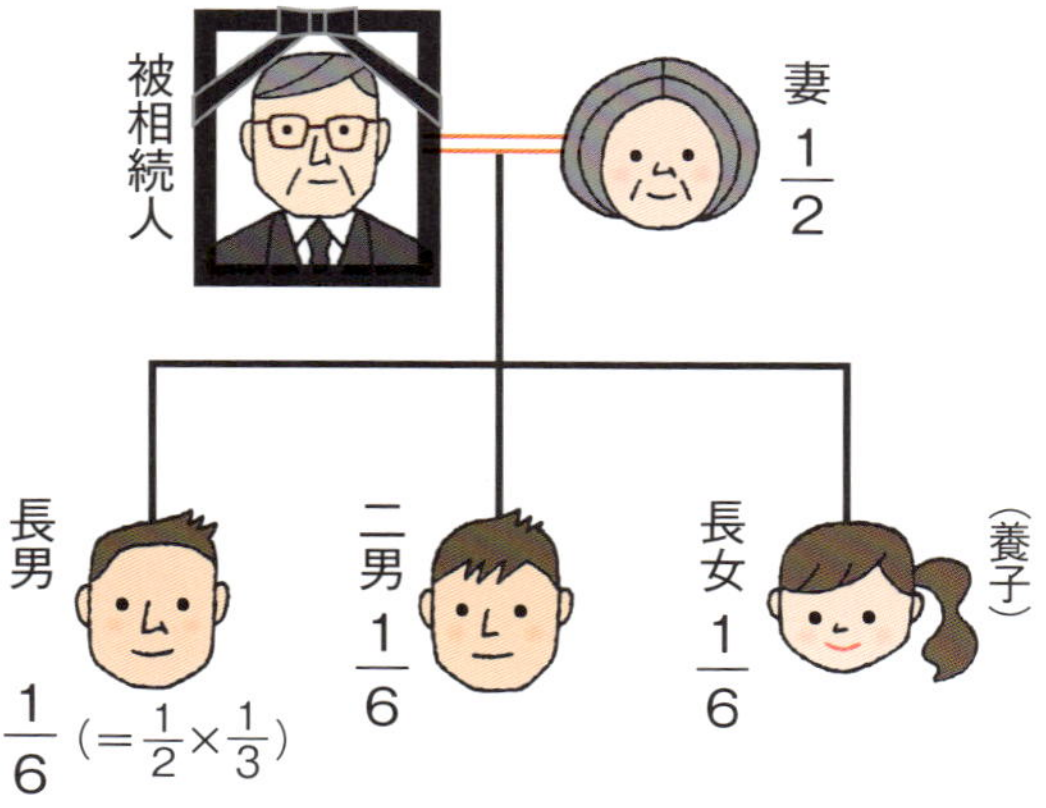

配偶者である妻は$\frac{1}{2}$、子は$\frac{1}{2}$を頭数で等分する。子は結婚して姓が変わった子も同じ相続分。養子も実子と同じ相続分になる。

相続人の組み合わせと法定相続分

〈 妻と子２人、孫２人（代襲相続人）の場合 〉

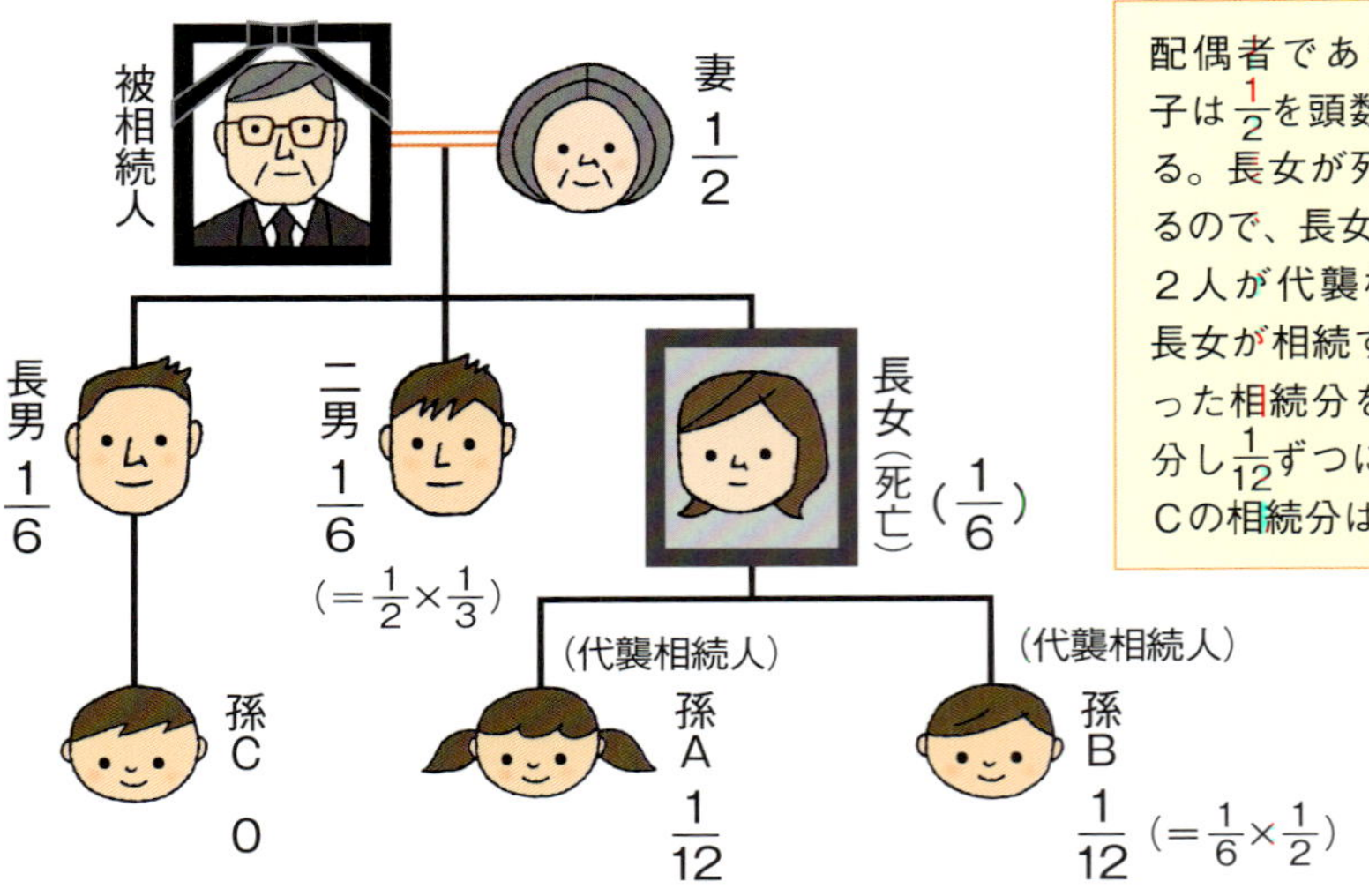

配偶者である妻は$\frac{1}{2}$、子は$\frac{1}{2}$を頭数で等分する。長女が死亡しているので、長女の子（孫）２人が代襲相続する。長女が相続するはずだった相続分を２人で等分し$\frac{1}{12}$ずつになる。孫Cの相続分はない。

〈 妻と子１人、胎児１人の場合 〉

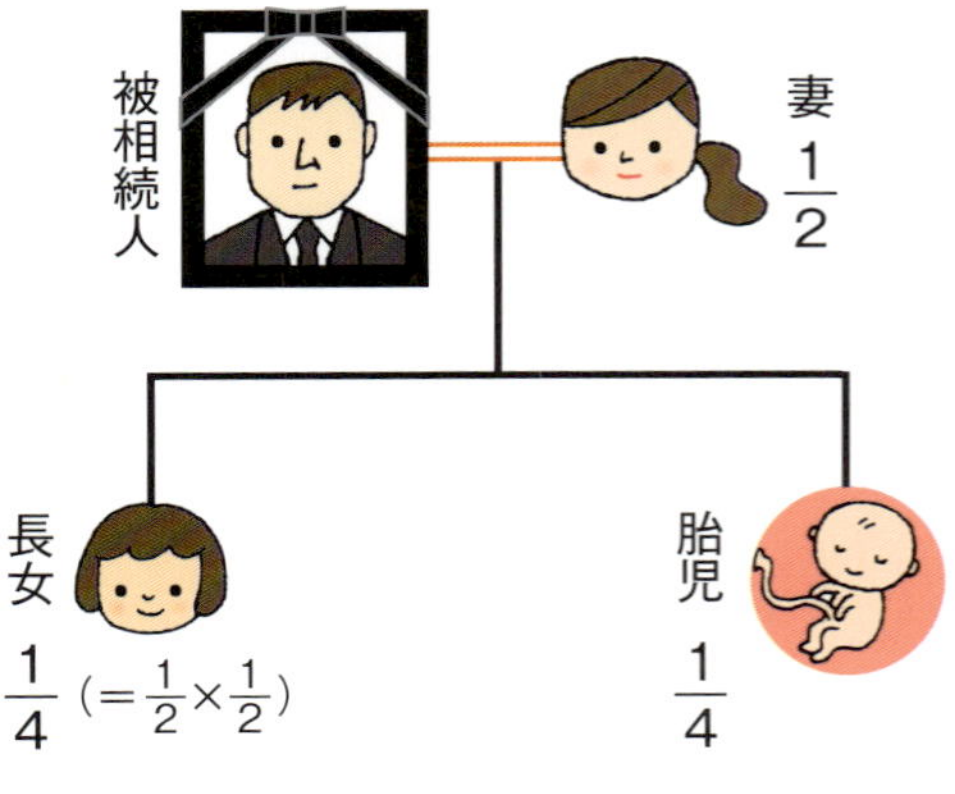

配偶者である妻は$\frac{1}{2}$、子は$\frac{1}{2}$を頭数で等分する。胎児の相続分はすでに生まれている子と同じだが、出生して初めて相続権を有するので、死産の場合は長女が$\frac{1}{2}$を相続する。

相続人の組み合わせと法定相続分

〈 妻と子１人、認知した愛人の子の場合 〉

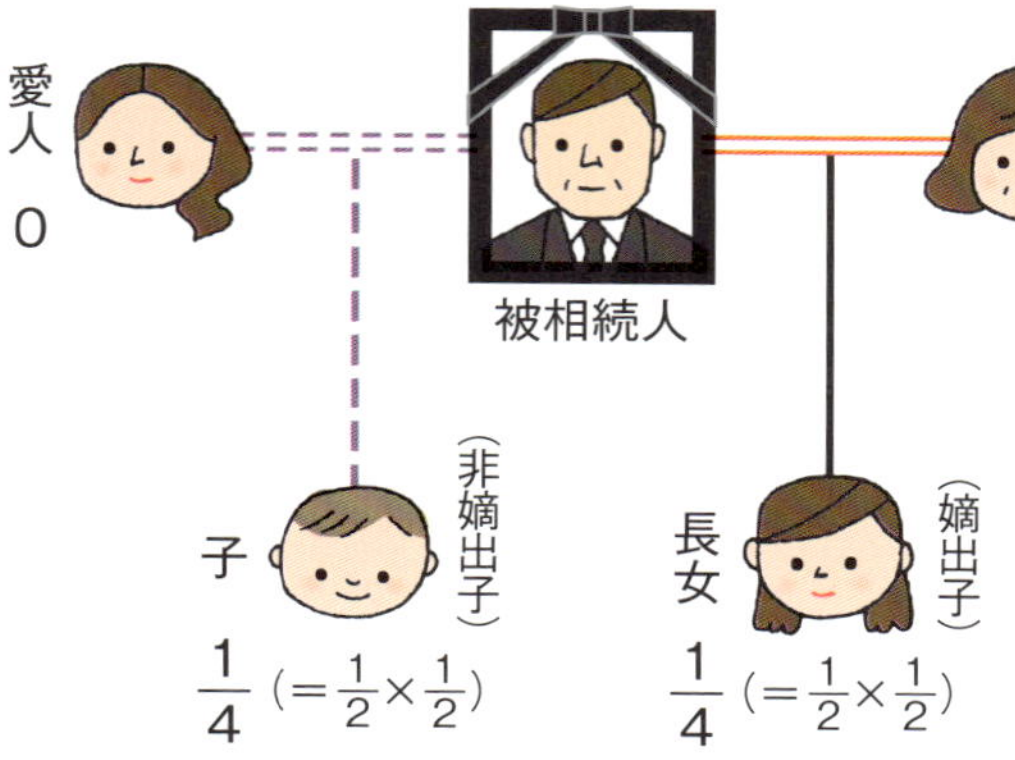

配偶者である妻は$\frac{1}{2}$。たとえ同居期間が妻より長くても、愛人に相続権はない。子は$\frac{1}{2}$を頭数で等分する。

〈 妻と子３人（１人は相続放棄）の場合 〉

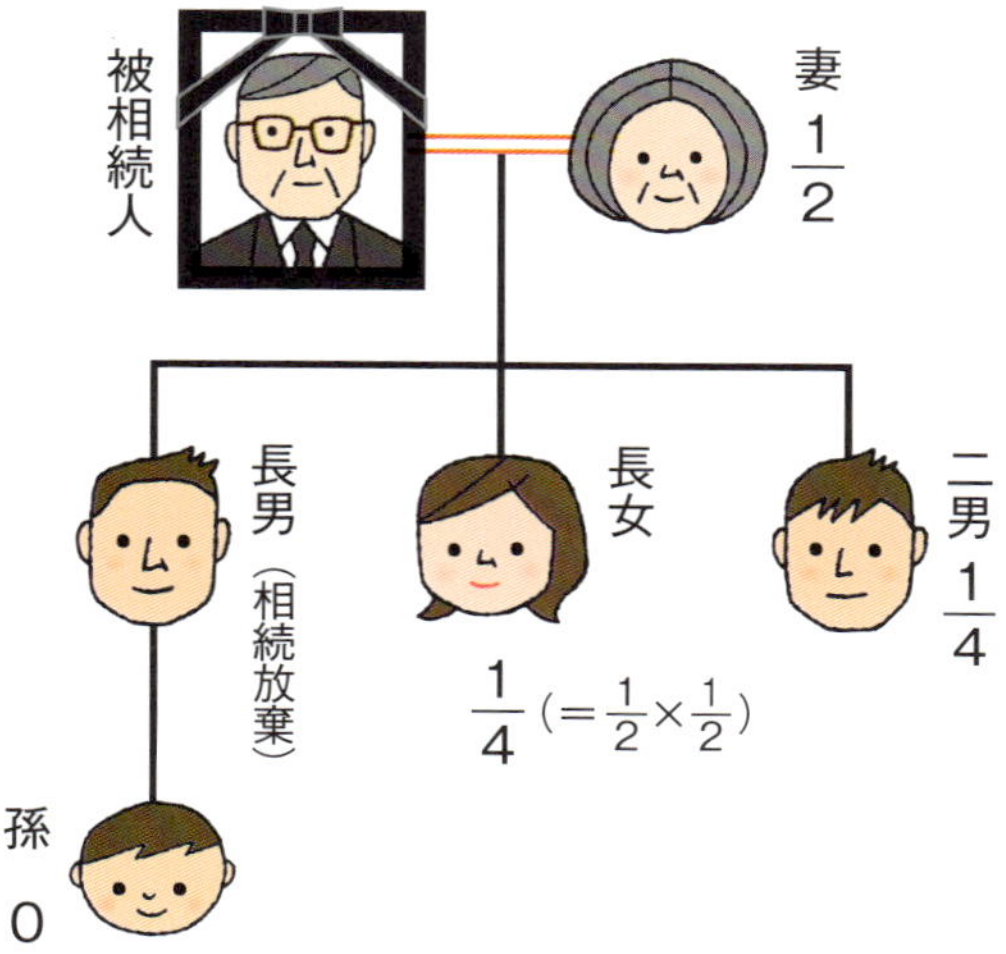

配偶者である妻は$\frac{1}{2}$。相続放棄した人は最初から相続人ではなかったとみなされるので、子がいても代襲相続はできない。子の相続分$\frac{1}{2}$を相続放棄した以外の子が等分して相続する。

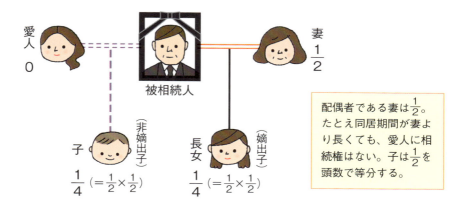

相続人の組み合わせと法定相続分

〈 先妻の子と後妻と後妻の子の場合 〉

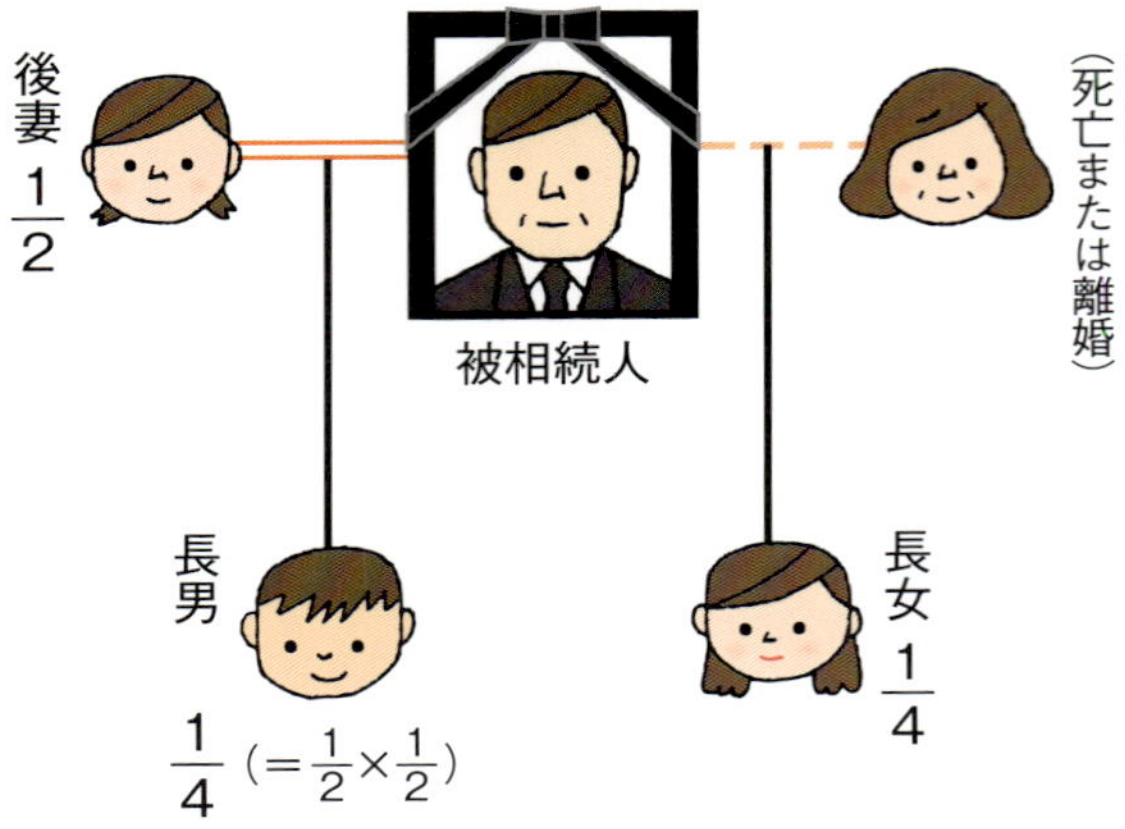

配偶者である後妻は$\frac{1}{2}$。先妻の子も、現在の妻の子と相続分は同じ。先妻の子と後妻の子で等分する。後妻が死亡している場合は、子がそれぞれ$\frac{1}{2}$相続する。

〈 妻と被相続人の父母の場合 〉

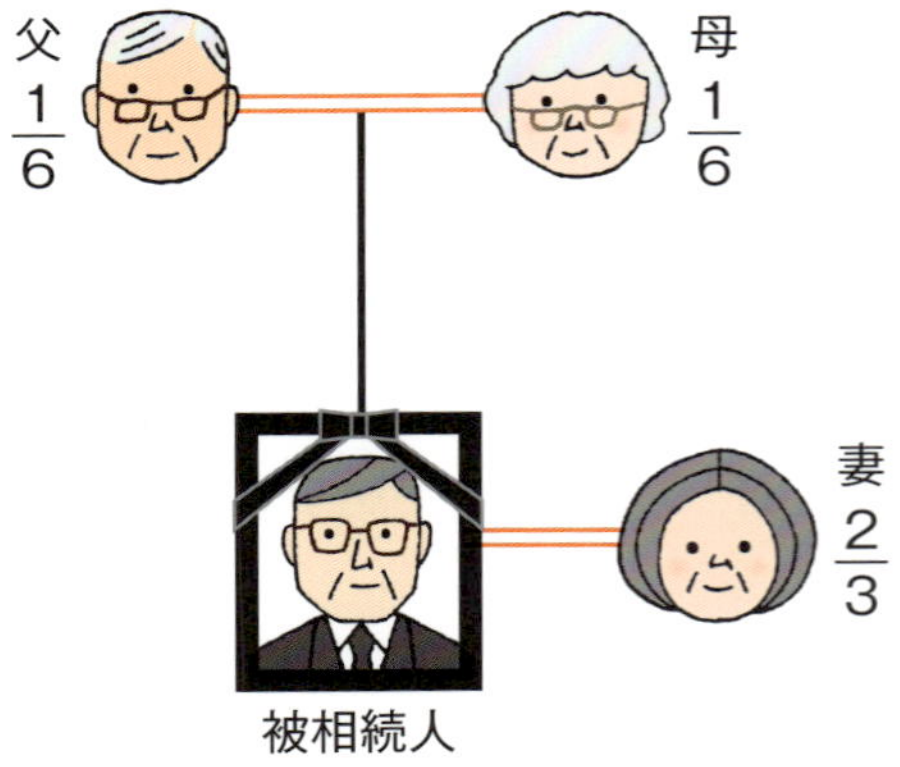

妻と父母の場合は、配偶者である妻が$\frac{2}{3}$、父母が$\frac{1}{3}$を等分する。被相続人の父母のうち１人しかいない場合は、その１人が$\frac{1}{3}$を相続する。

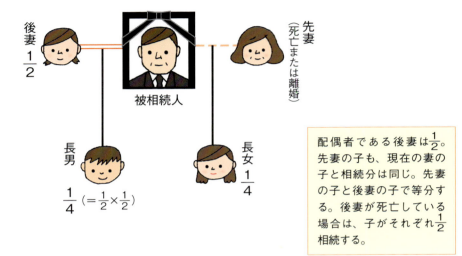

相続人の組み合わせと法定相続分

〈 妻と祖父母２人の場合 〉

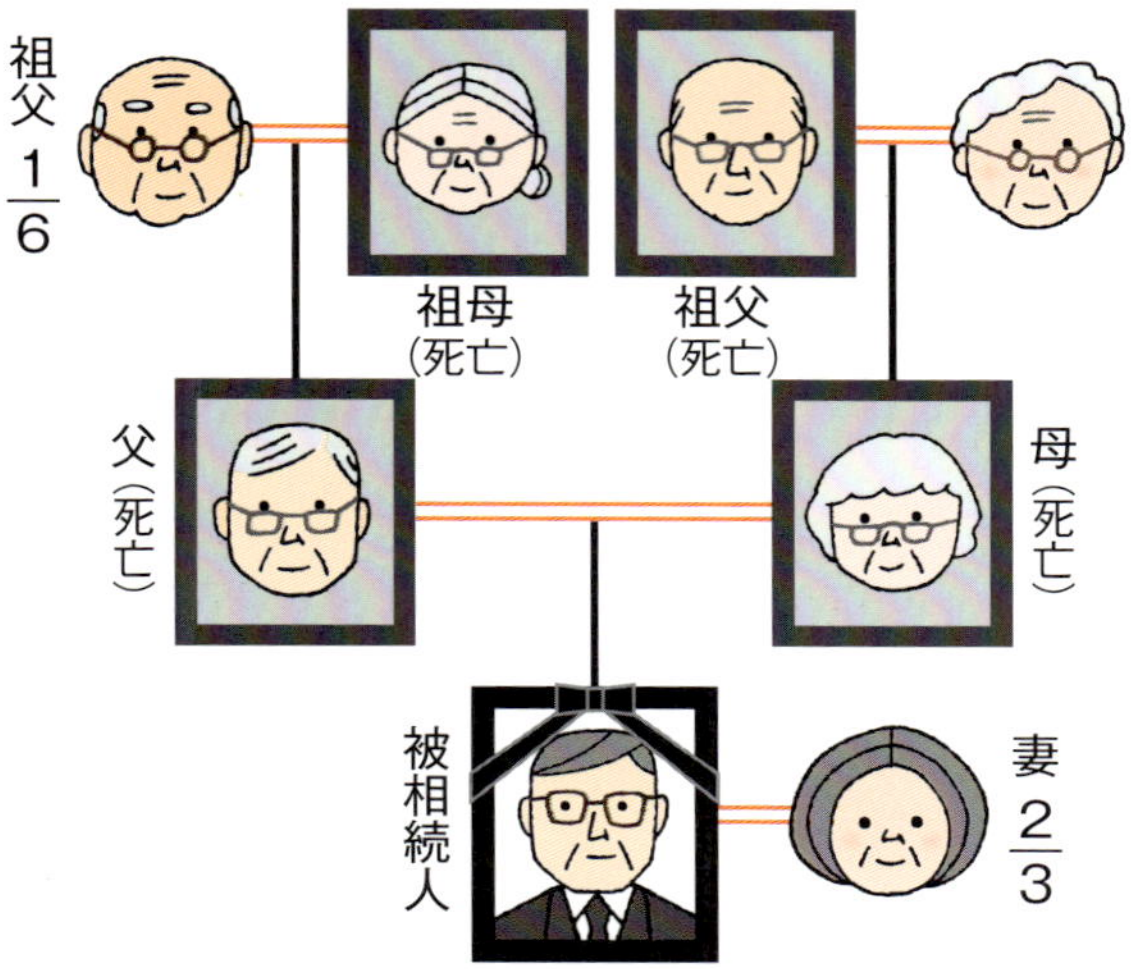

被相続人の父母がいない場合は、祖父母にさかのぼる。妻と祖父母の場合も、配偶者である妻が$\frac{2}{3}$、祖父母が$\frac{1}{3}$を頭数で等分する。祖父母も１人もいない場合は曾祖父母にさかのぼる。

〈 妻と兄、甥・姪（代襲相続人）の場合 〉

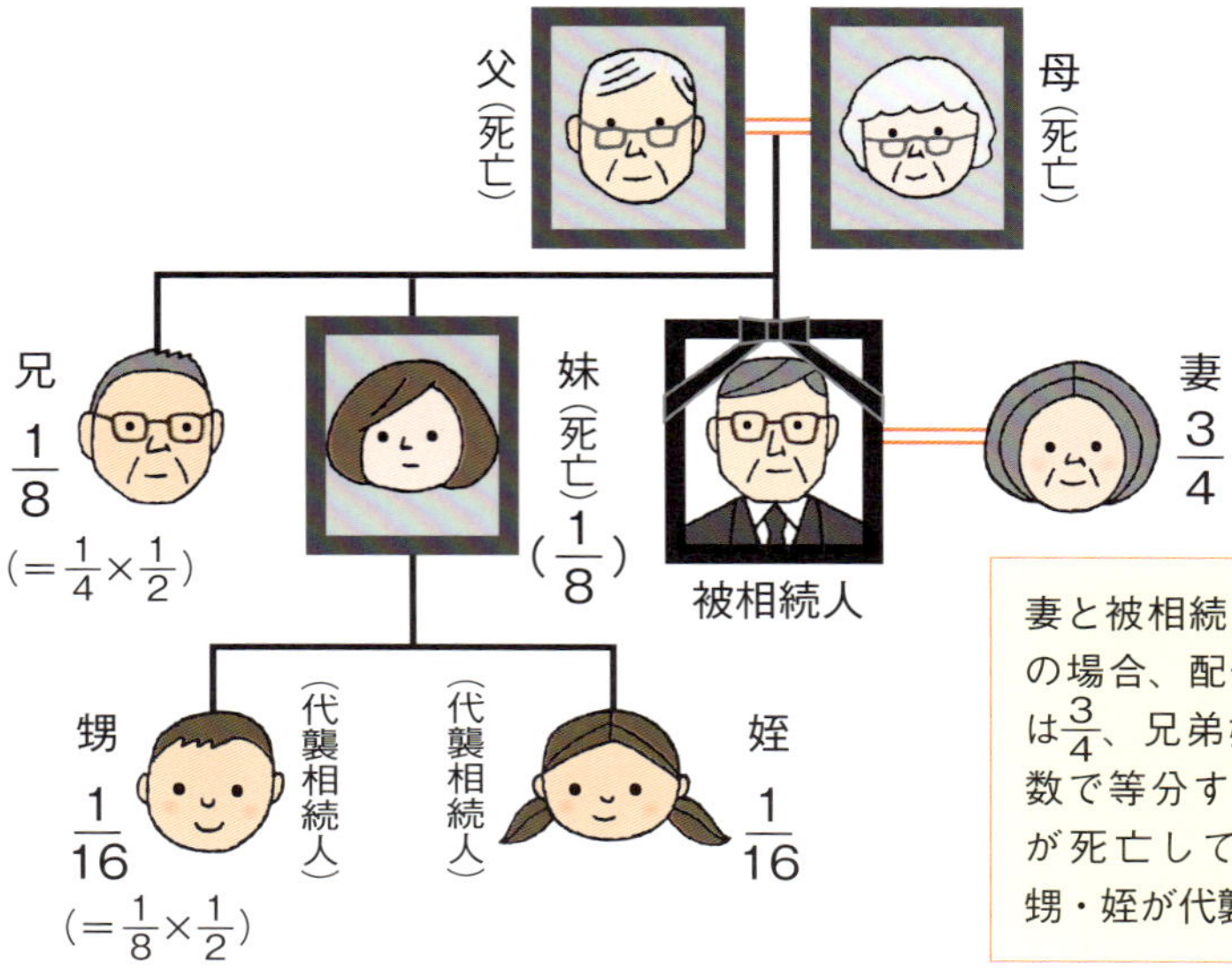

妻と被相続人の兄弟姉妹の場合、配偶者である妻は$\frac{3}{4}$、兄弟姉妹が$\frac{1}{4}$を頭数で等分する。兄弟姉妹が死亡している場合は、甥・姪が代襲相続する。

相続の方法　限定承認と相続放棄

POINT

- 遺産のすべてを無条件に引き継ぐのが「単純承認」。
- 「限定承認」「相続放棄」は、相続開始後3カ月以内に家庭裁判所に申し立てる。

何も手続きをしなければ単純承認したことになる

被相続人の残した財産のプラスもマイナスもあわせて、すべての権利と義務を無条件で引き継ぐことを「単純承認《たんじゅんしょうにん》」といいます。自己のために相続があったことを知った日（相続開始）から3カ月以内に単純承認の意思表示をするか、限定承認や相続放棄の手続きをしなければ、単純承認したものとみなされます。また、相続人が遺産の一部であっても、相続の発生を知りながら処分したり隠したり、悪意で財産目録に加えなかったりすると、単純承認になってしまうので注意が必要です。

相続人を保護するための「限定承認」

相続人はプラスの財産だけでなくマイナスの財産も引き継ぐことになるので、場合によっては多大な借金を背負ってしまうこともあります。このような場合に、相続人を保護するために「限定承認《げんていしょうにん》」と「相続放棄」の制度があります。

「限定承認」は、債務などのマイナスの財産も引き継ぐが、それは引き継いだプラスの財産の限度内で弁済する、という承認です。自分の財産まで使って債務の弁済にあてる必要はなく、引き継いだプラスの財産で債務を返済したあとで財産が残れば、それを相続することができます。

マイナスの財産がプラスの財産より多いか少ないか、すぐには判断がつかないときには限定承認が適しています。ただし、限定承認は相続人全員の合意が必要で、1人でも不賛成の人がいれば認められません。相続放棄をした人がいる場合は、その他の相続人全員で限定承認をすることができます。

限定承認は自己のために相続開始があったことを知った日から3カ月以内に被相続人の住所地の家庭裁判所に申し立てをしなければなりません。

遺産に関するいっさいの義務も権利も放棄できる

マイナスの財産のほうが多いとわかっていたり、遺産相続を辞退したい場合は「相続放棄」をすることができます。相続放棄とは、相続権を放棄することで、初めから相続人とならなかったとみなされる制度です。遺産に関するいっさいの権利も義務も放棄することになります。

相続放棄は相続人各人が個別にできます。相続放棄は、自己のために相続開始があったことを知った日から3カ月以内に、被相続人の住所地の家庭裁判所に申し立てをします。相続放棄が本人の意思であることが認められると受理されます。相続放棄をすると、原則として撤回することはできません。また、その直系卑属の**代襲相続**《だいしゅうそうぞく》もできなくなります。

相続の方法

相続開始 → 3カ月以内に選択する

財産に関するすべての義務・権利を受け継ぐ	単純承認	意思を表明するか、手続きをしなければ自動的に単純承認したことになる。
プラスの財産の限度内でマイナスの財産を受け継ぐ	限定承認	相続人全員が共同して、家庭裁判所に申し立てる。
相続に関するすべての義務・権利を受け継がない	相続放棄	家庭裁判所に各相続人が個別に申し立てる。

参照 代襲相続 157ページ

限定承認の申述書

相続人が複数の場合は、申述人として全員の名前、本籍、住所、生年月日などを記載します。申述人全員の戸籍謄本、被相続人の出生から死亡までの連続した戸籍謄本、被相続人の住民票除票、遺産目録などを提出します。申述先は被相続人の住所地の家庭裁判所。

受付印	家事 (審判) 調停 申述書 事件名（ 限定承認 ）
貼用収入印紙 円 予納郵便切手 円 予納収入印紙 円	この欄に申述手数料としての収入印紙をはる（はった印紙に押印しない）。 1件について甲類審判 ８００円分 乙類審判１，２００円分 調 停１，２００円分 （注意）登記手数料としての収入印紙を納付する場合は，登記手数料としての収入印紙は，はらずにそのまま提出する。

準口頭		関連事件番号 令和 年（家 ）第 号

東京 家庭裁判所 御中 令和 2年 10月 5日	申述人（又は法定代理人などの署名押印又は記名押印）	高橋一郎 (高橋) 印

添付書類	申述人の戸籍謄本１通 被相続人の住民票の除票１通 遺産目録１通 被相続人の戸籍謄本１通

申述人	本籍	（戸籍の添付が必要とされていない申立ての場合は，記入する必要はありません。） 東京 (都) 道府県 品川区上大崎○丁目○番地○号
	住所	〒 － 電話 （ ） 同上 （ 方）
	連絡先	〒 － 電話 （ ） （ 方）
	フリガナ 氏名	高橋《タカハシ》 一郎《イチロウ》 　大正 (昭和) 平成 37年 11月 7日 生
	職業	会社員
※被相続人	本籍	（戸籍の添付が必要とされていない申立ての場合は，記入する必要はありません。） 都道府県 申述人一郎の本籍と同じ
	住所	〒 － 電話 （ ） 申述人一郎の住所と同じ （ 方）
	連絡先	〒 －
	フリガナ 氏名	高橋《タカハシ》 太郎《タロウ》
	職業	なし

（注） 太枠の中だけ記入してください。 ※の部分は，申述人，…の区別を記入してください。

一般（1/ ）

申述の趣旨
被相続人の相続につき限定承認します。

申述の実情
1 申述人は被相続人の子であり相続人は申述人だけです。 2 被相続人は、令和2年8月30日に死亡してその相続が開始し、申述人は被相続人の死亡当日に相続の開始を知りました。 3 被相続人には別添の財産目録記載の財産がありますが相当の債務もあり、申述人は相続によって得た財産の限度で債務を弁済したいと考えますので、限定承認することを申述します。

※申述書および添付書類については、裁判所ウェブサイトにおいて最新の情報を確認してください。

相続放棄の申述書

1枚目には相続放棄をする人（申述人・未成年などの場合は法定代理人）と被相続人について、2枚目には放棄の理由、相続財産の概要などについて記入します。申述先は被相続人の住所地の家庭裁判所。

受付印	相　続　放　棄　申　述　書
	（この欄に収入印紙８００円分をはる。） （はった印紙に押印しないでください。）
収入印紙　　円	
予納郵便切手　　円	

準口頭		関連事件番号　令和　　年（家　　）第　　　号

東京 家庭裁判所 御中 令和 2 年 9 月 10 日	申述人 （未成年者などの場合は法定代理人） の署名押印	川口洋一　㊞（川口）

添付書類	（同じ書類は１通で足ります。審理のために必要な場合は，追加書類の提出をお願いすることがあります。） ☑ 戸籍（除籍・改製原戸籍）謄本（全部事項証明書）　合計 1 通 □ 被相続人の住民票除票又は戸籍附票 □

申述人	本籍	東京 ㊟都 道 府 県　世田谷区駒沢○丁目○番○号			
	住所	〒 168 - 0073　電話 03（1234）1234 東京都杉並区下高井戸○丁目○番地○号（　　方）			
	フリガナ 氏名	カワグチ　ヨウイチ 川口　洋一	大正・㊟昭和・平成 40年 1月26日生	職業	会社員
	被相続人との関係	※ 被相続人の………　①子　2 孫　3 配偶者　4 直系尊属（父母・祖父母）　5 兄弟姉妹　6 おいめい　7 その他（　　）			
法定代理人等	※ 1 親権者　2 後見人　3	住所　〒　－　電話（　　）（　　方）			
		フリガナ 氏名		フリガナ 氏名	
被相続人	本籍	東京 ㊟都 道 府 県　杉並区成田東○丁目○番○号			
	最後の住所	同上			
	フリガナ 氏名	カワグチ　イチロウ 川口　一郎			

（注）太枠の中だけ記入してください。　※の部分は，当てはま…
法定代理人等欄の３を選んだ場合には，具体的に記入してく…

申　述　の　趣　旨
相続の放棄をする。

申　述　の　実　情	
※ 相続の開始を知った日…………令和 2 年 6 月 15 日 ① 被相続人死亡の当日　　3 先順位者の相続放棄を知った日 2 死亡の通知をうけた日　　4 その他（　　）	
放棄の理由	相続財産の概略
※ ① 被相続人から生前に贈与を受けている。 2 生活が安定している。 3 遺産が少ない。 ④ 遺産を分散させたくない。 5 債務超過のため。 6 その他（　　）	資産　農地……約　　平方メートル　現金・預貯金……約 1500 万円 山林……約　　平方メートル　有価証券……約 300 万円 宅地……約 190 平方メートル 建物……約 120 平方メートル 負債…………約 200 万円

（注）太枠の中だけ記入してください。※の部分は，当てはまる番号を○で囲み，申述の実情欄の４，放棄の理由欄の６を選んだ場合には，（　）内に具体的に記入してください。

※申述書および添付書類については、裁判所ウェブサイトにおいて最新の情報を確認してください。

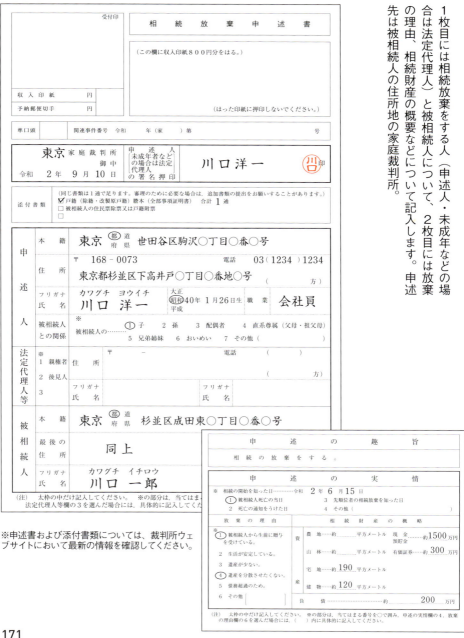

遺産分割協議

POINT
- 遺産分割協議は相続人全員で行う。
- 未成年者には代理人を立てる。
- 協議後は「遺産分割協議書」を作成する。

1人でも不参加だと協議は成立しない

遺産をだれにどのように分けるかを話し合う遺産分割協議は、**代襲相続人**《だいしゅうそうぞく》や法定代理人、**包括受遺者**《じゅいしゃ》も含めて、相続人全員で行います。1人でも不参加の場合は協議が成り立ちません。相続人に行方不明の人がいる場合は財産管理人（158ページ参照）が、未成年者がいる場合は法定代理人が必要です。

未成年者の法定代理人には普通、親権者がなりますが、親権者もまた相続人の1人であれば、代理人にはなれません。被相続人の住所地の家庭裁判所に申し立てをして「特別代理人」を選任してもらいます。申し立ては、親権者、または他の相続人などが行います。相続税の申告期限が相続開始後10カ月以内なので、分割協議はそれ以前に終わらせたほうがよいでしょう。分割協議は相続人全員が出席して話し合いをする方法や、あらかじめ書類による分割案を作成し、各相続人に郵便などで送り、内容を検討して全員の合意を取る方法などがあります。

遺産分割協議書の作成

分割協議がまとまったら、「遺産分割協議書」を作成します。作成は義務ではありませんが、後日のトラブルを避けるためにも、また、相続税の申告や相続財産の名義変更などにも必要なので、作成しておいたほうがよいでしょう。また、配偶者の税額軽減の特例（177ページ参照）などの相続税についての特例を受けるには、遺産分割協議書が必要です。

遺産分割協議書は相続人の数だけ作成し、各自1通ずつ保管します。

参照　代襲相続人 157 ページ、包括受遺者 28 ページ

特別代理人選任申立書

申立人は親権者、後見人、利害関係人。親権者、子の戸籍謄本、特別代理人候補者の住民票または戸籍附票、遺産分割協議書の案を提出します。申立先は子（被後見人）の住所地の家庭裁判所。

受付印	特別代理人選任申立書
	（この欄に収入印紙８００円分をはる。）
収入印紙　円	
予納郵便切手　円	（はった印紙に押印しないでください。）

準口頭		関連事件番号　令和　年（家　）第　号

東京 家庭裁判所 御中 令和 2 年 12 月 1 日	申立人の署名押印又は記名押印	坂本花子 （坂本）印

添付書類
（同じ書類は１通で足ります。審理のために必要な場合は，追加書類の提出をお願いすることがあります。）
☑未成年者の戸籍謄本（全部事項証明書）　☑親権者又は未成年後見人の戸籍謄本（全部事項証明書）
☑特別代理人候補者の住民票又は戸籍附票　☑利益相反に関する資料（遺産分割協議書案，契約書案等）
□（利害関係人からの申立ての場合）利害関係を証する資料
□

申立人	住所	〒170－0003　電話 03（1234）1234 東京都豊島区駒込○丁目○番○号（　方）			
	フリガナ 氏名	サカモト ハナコ 坂本 花子	明治・大正・㊐昭和・平成 37年2月5日生	職業	なし
	フリガナ 氏名		明治・大正・昭和・平成　年　月　日生	職業	
	未成年者との関係	※ 1 父母　2 父　③ 母　4 後見人　5 利害関係人			
未成年者	本籍	東京 ㊐都・道・府・県 千代田区神田駿河台○丁目○番			
	住所	〒　－　電話（　） 申立人の住所と同じ（　）			
	フリガナ 氏名	サカモト カズオ 坂本 一夫	平成 15 年		
	職業又は在校名	私立○○高等学校			

（注）太枠の中だけ記入してください。※の部分は，当てけ

※申立書および添付書類については、裁判所ウェブサイトにおいて最新の情報を確認してください。

申立ての趣旨
理人の選任を求める。

申立ての実情	
利益相反する者	**利益相反行為の内容**
※ ① 親権者と未成年者との間で利益相反する。 2 同一親権に服する他の子と未成年者との間で利益相反する。 3 後見人と未成年者との間で利益相反する。 4 その他（　）	※ ① 被相続人亡 坂本 一郎 の遺産を分割するため 2 被相続人亡＿＿＿＿の相続を放棄するため 3 身分関係存否確定の調停・訴訟の申立てをするため 4 未成年者の所有する物件に 1 抵当権 2 根抵当権 を設定するため 5 その他（　） （その詳細） 被相続人亡一郎は申立人の夫であり、未成年者一夫の父親であります。一夫は申立人とともに一郎の相続人です。この遺産分割につき、申立人は未成年者一夫の親権者であるため、一夫の代理人の選任を求めます。

特別代理人候補者	住所	〒168－0081　電話 03（1234）5678 東京都杉並区宮前○丁目○番○号（　方）			
	フリガナ 氏名	サカモト ジロウ 坂本 二郎	明治・大正・㊐昭和・平成 33年12月16日生	職業	公務員
	未成年者との関係	父方の叔父			

（注）太枠の中だけ記入してください。※の部分については，当てはまる番号を○で囲み，利益相反する者欄の４及び利益相反行為の内容欄の５を選んだ場合には，（　）内に具体的に記入してください。

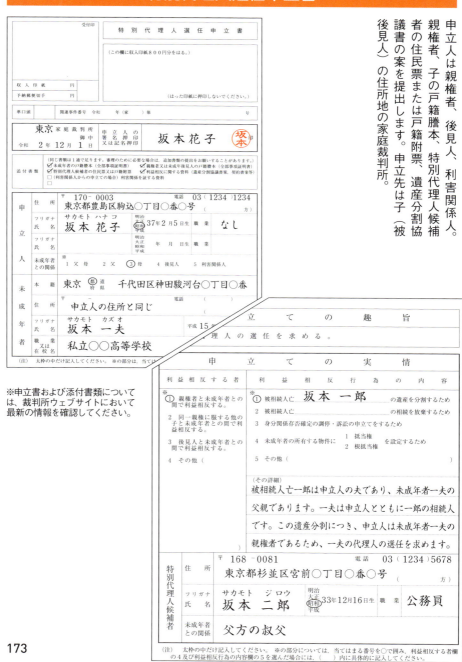

遺産分割協議がまとまらないとき

POINT
- 調停での結論後、相手が従わないときは強制執行ができる。
- 審判では分割方法が強制的に命じられる。

調停では、相続人同士の譲歩と合意を目ざす

遺産分割協議がもめてしまい、まとまらないとき、話し合いすらできない状態のときは、家庭裁判所に「遺産分割の調停」あるいは「遺産分割の審判」を申し立てることができます。

「調停」では、家事審判官や調停委員の立ち会いのもとに、相続人が集まって話し合いをし、譲歩と合意を目ざします。家事審判官や調停委員はアドバイスをしてくれますが、結論は当事者が決定して、調停が成立します。調停成立後、相手方が結論に従わないときは、強制執行ができます。

調停の申し立ては、相手方の住所地の家庭裁判所または当事者が合意で定める家庭裁判所に次の書類を提出します。❶申立書、❷当事者等目録、❸被相続人の除籍謄本・改製原戸籍謄本など（相続人によって異なる）、❹相続人全員の戸籍謄本・住民票、❺遺産に関する書類（遺産目録、不動産登記事項証明書、固定資産評価証明書、預貯金の残高証明書等）など。

審判では、分割方法が強制的に命じられる

「審判」は、家庭裁判所の審判にゆだねられます。裁判所が事実調べ、証拠調べを行い、家事審判官によって分割が命じられます。申し立ては被相続人の住所地の家庭裁判所に行います。「審判」による分割方法が不服な場合は、2週間以内に「高等裁判所」に即時抗告をして争うこともできます。

いきなり審判を申し立てることもできますが、調停に回されることが多く、調停が不成立（不調）となった場合は、自動的に審判に移行します。

遺産分割調停申立書

1枚目には被相続人についてと申し立ての理由、2枚目の当事者等目録には申立人、相手方、利害関係人について記載。詳しい遺産目録も提出。申立先は相手方の一人の住所地または当事者が合意で定める家庭裁判所。

受付印

遺　産　分　割　審判／(調停)　申　立　書

（この欄に収入印紙をはる。1件について1,200円分）

（はった印紙に押印しないでください。）

収入印紙	円
予納郵便切手	円

準口頭	関連事件番号　令和　　年（家　　）第　　　号

東京　家庭裁判所 御中 令和 2 年 10 月 7 日	申立人 （又は法定代理人など） の署名押印 又は記名押印	木村春子　（木村）印

添付書類	（同じ書類は1通で足ります。審理のために必要な場合は，追加書類の提出をお願いすることがあります。） ☑戸籍（除籍・改製原戸籍）謄本（全部事項証明書）　合計 2 通 ☑住民票又は戸籍附票　合計 2 通　☑不動産登記事項証明書　合計 2 通 ☑固定資産評価証明書　合計 1 通　☑預貯金通帳写し又は残高証明書　合計 1 通 ☑有価証券写し　合計 1 通　□

当事者		別紙当事者等目録記載のとおり
被相続人	本籍	東京 (都)道府県　千代田区神田駿河台○丁目○番
	最後の住所	同　上
	フリガナ 氏名	小林《コバヤシ》　太郎《タロウ》　　令和 2 年 5 月 15 日死亡

申　立　て　の　趣　旨

被相続人の遺産の分割の　審判　・　(調停)　を求める。

申　立　て　の　実　情

申立ての理由	遺産	
※ 1 相続人の資格に争いがある。 (2) 遺産の範囲に争いがある。 (3) 分割方法が決まらない。 4 その他 ［相手方（小林秋子）は申立人の再三にわたる遺産分割協議の申し出に応じないばかりか、遺産である土地と建物を自己のものだと主張している。］	種類	※ (1) 土地　(2) 建物　3 現金　(4) 預・貯金　(5) 株式等　6 貸金等の債権　7 借地権・借家権　8 その他［　］
	内容	別紙遺産目録記載のとおり
	被相続人の債務	※ 1 有　2 無　(3) 不明
	☆特別受益	※ (1) 有　2 無　3 不明
	遺言	※ 1 有　(2) 無　3 不明 （「有」の場合で入手できる場合は，遺言書写しを添付してください。）

備考	相手方（小林秋子）は被相続人から生前、自宅新築費用として500万円の贈与を受けている。

当　事　者　等　目　録

※ 申立人	本籍	東京 (都)道府県　江戸川区清新町○丁目○番○号		
	住所	〒 134 − 0087　同上	電話	03（1234）5678（　方）
	連絡先	〒　−	電話	（　）（　方）
	フリガナ 氏名	木村《キムラ》　春子《ハルコ》		大正／(昭和)／平成 38 年 3 月 20 日生
	職業	パートタイマー	被相続人との続柄	二女
	備考			
※ 相手方	本籍	東京 (都)道府県　千代田区神田駿河台○丁目○番		
	住所	〒 101 − 0062　同上	電話	03（1234）1234（　方）
	連絡先	〒　−	電話	（　）（　方）
	フリガナ 氏名	小林《コバヤシ》　秋子《アキコ》		大正／(昭和)／平成 35 年 6 月 18 日生
	職業	会社員	被相続人との続柄	長女
	備考			

※申立書および添付書類については、裁判所ウェブサイトにおいて最新の情報を確認してください。

相続税の申告と納付

POINT

- 相続税の申告と納付は相続開始の翌日から10カ月以内に行う。
- 課税価格が基礎控除額以下なら申告の必要はない。基礎控除額は「3000万円＋(600万円×法定相続人の数)」。
- 配偶者には相続税の大幅な減税措置がある。

相続税は被相続人の住所地の税務署に申告する

相続税の申告および納付は、相続を知った日（通常、相続開始の日）の翌日から10カ月以内に行わなければなりません。相続税は原則として金銭で一括して納付することになっています。申告および納付先は、相続人の住所地ではなく、被相続人の住所地を管轄する税務署になります。

期限までに遺産分割協議がまとまらない場合は、ひとまず法定相続分で分割したものとして相続税を計算し、申告・納税します。その後、分割が確定したら修正申告（おさめた額が少なかった場合）、または更正の請求（おさめた額が多すぎた場合）をします。

相続税は遺産相続をしたすべての人に課税されるわけではなく、課税価格が基礎控除額以下であれば申告・納税の必要はありません。課税価格とは、相続財産から債務や葬式費用、非課税財産を差し引き、みなし相続財産や生前贈与財産を加算した額です。

相続税の基礎控除額は3000万円＋法定相続人1人につき600万円加算しますので、たとえば法定相続人が4人いれば改正後の基礎控除額は「3000万円＋600万円×4人＝5400万円」となります。課税価格がこれ以下であれば申告・納税は不要です。

なお、この場合の法定相続人の数は、相続放棄をした人がいても放棄をする前の相続人の人数になります。また、法定相続人に被相続人の養子がいる場合、法定相続人の人数として数えられるのは、被相続人に実子がいる場合は1人、実子がいない場合は

参照　遺産分割協議 172ページ、法定相続分 162ページ

２人までの人数となります。

相続税の対象となる財産・ならない財産

相続財産には、相続税の課税対象になる財産と、ならない財産があります。

相続税の課税の対象となる財産は、被相続人が所有していた土地（宅地、田畑、山林）、家屋、事業用財産、有価証券、現金・預貯金、家具、書画・骨《こっ》董《とう》、自動車、電話加入権などの「本来の財産」です。それに「みなし相続財産」と「相続開始前3年以内に生前贈与された財産」「相続時精算課税贈与財産」などが加わります。みなし相続財産とは、被相続人が死亡したことによって発生し取得することになった財産で、生命保険金や死亡退職金、生命保険契約に関する権利などです。

課税対象とならない財産は、次のようなものです。

❶墓地、墓碑、仏壇、仏具などの祭祀財産
❷特定の公益事業者が取得した特定の財産
❸心身障害共済制度にもとづく給付金の受給権
❹生命保険金のうち、法定相続人１人あたり５００万円までの金額
❺退職手当金等のうち、法定相続人１人あたり５００万円までの金額
❻申告期限までに国、地方公共団体、特定の公益法人、特定の非営利活動法人などへ寄付した財産

配偶者の税額軽減

被相続人の配偶者には、相続税が大幅に軽減されたり無税になる特典「配偶者の税額軽減」が設けられています。配偶者の税額軽減が適用されて無税になるのは、①取得財産の課税価格が１億６０００万円以下、②取得財産の課税価格が法定相続分以下、の２つの場合です。これ以外でも、本来の相続税の額から法定相続分に対する税額を引いた額をおさめればよいのでかなり減額されます。配偶者の税額軽減を受けるには、遺産分割協議を成立させたうえで税務署への申告が必要です。ただし、今回、子や孫に相続させたほうが、次に配偶者に相続が発生したときに、有利（納税額が少ない）になる場合もあるので、その確認も必要です。

相続税の対象となる財産・ならない財産

● 相続税の対象となる財産

本来の相続財産	土地	宅地、田畑、山林、原野、雑種地など
	土地に有する権利	地上権、借地権、耕作権など
	家屋	自用家屋、貸家、工場、倉庫、門、塀、庭園設備など
	構築物	駐車場、広告塔など
	事業用・農業用財産	減価償却資産（機械、器具、備品、車両など）、商品、製品、半製品、原材料、農産物、営業上の債権、牛馬、果樹、電話加入権、営業権など
	預貯金・有価証券	現金、各種預貯金、株式、出資金、公社債、証券、投資信託等の受益証券など
	家庭用財産	家具、什器備品、宝石、貴金属、書画・骨董、自動車、電話加入権など
	その他	立ち木、貸付金、未収金（地代、家賃、給与、賞与など）、配当金、ゴルフ会員権、特許権、著作権など
みなし相続財産		生命保険金、死亡退職金、個人年金（定期金）、低額譲り受け（遺言により著しい低額で財産を譲り受けた場合）など
生前贈与財産		相続開始前3年以内に被相続人から譲り受けた財産（贈与税の配偶者控除の特例を受けた財産は加算されない）
相続時精算課税贈与財産		相続時精算課税制度（192ページ参照）を選択した場合の贈与財産
贈与税の納税猶予を受けた非上場株式		「非上場株式等の贈与税の納税猶予制度」を受けた非上場株式（贈与時の価額で加算される）

● 相続税の対象とならない財産

祭祀関係	墓地、墓碑、仏壇、仏具、祭具など
生命保険金	相続人が受け取った保険金のうち「500万円×法定相続人の人数」までは非課税
死亡退職金等	相続人が受け取った死亡退職金等のうち「500万円×法定相続人の人数」までは非課税
公益事業財産	宗教、慈善、学術など公益を目的とする事業を行う人が取得し、公益事業用に使う財産
心身障害者受給金	心身障害者共済制度にもとづく給付金の受給権
寄付金	相続税の申告期限までに、国、地方公共団体、特定の公益法人、特定の非営利活動法人（NPO）へ寄付した財産

相続税の税率と相続税額の例

相続税の速算表 相続税の計算 ▸▸▸ 法定相続分取得額×税率－控除額＝相続税額

取得金額	税率	控除額
1,000 万円以下	10%	0円
3,000 万円以下	15%	50 万円
5,000 万円以下	20%	200 万円
1 億円以下	30%	700 万円
2 億円以下	40%	1,700 万円
3 億円以下	45%	2,700 万円
6 億円以下	50%	4,200 万円
6 億円超	55%	7,200 万円

取得金額＝基礎控除後の課税遺産総額×法定相続分
こうして計算した各人の相続税の合計を、各人の取得財産の金額の割合で按分して、各人の納税額を計算します。

具体的な相続税額の例

（税額の単位：万円）

課税価格の合計額（基礎控除前）／法定相続人	1 億円	1 億5,000万円	2 億円	2 億5,000万円	3 億円
妻のみ	—	—	—	—	—
妻と子1人	妻 — 子 385	妻 — 子 920	妻 — 子 1,670	妻 — 子 2,460	妻 — 子 3,460
妻と子2人	妻 — 子 各145	妻 — 子 各333	妻 — 子 各560	妻 — 子 各815	妻 — 子 各1,190
妻と子3人	妻 — 子 各77	妻 — 子 各190	妻 — 子 各315	妻 — 子 各453	妻 — 子 各620
子1人	子 1,220	子 2,860	子 4,860	子 6,930	子 9,180
子2人	子 各385	子 各920	子 各1,670	子 各2,460	子 各3,460
子3人	子 各210	子 各480	子 各820	子 各1,320	子 各1,820

被相続人は夫、子は成年。法定相続分どおりに遺産分割をしたとし、控除は妻の税額からの「配偶者の税額軽減」のみとして計算してあります。税額は便宜上、1万円未満を四捨五入してあります。

Q 相続人が資格を失うのは、どういう場合?

A 被相続人の殺害にかかわったり、遺言書を変造、破棄したなどの場合です

相続人が相続人としての資格を失うことを相続《そうぞく》欠格《けっかく》といいます。相続欠格者となるのは次の場合です。

❶被相続人を殺したり、自分より先または同順位にいる相続人を殺したり、殺そうとして刑に処せられた者

❷被相続人がだれかに殺されたことを知っていながら、犯人を告訴・告発しなかった者。ただし、その者に是非の弁別がない(判断力がない)とき、または、その犯人が自己の配偶者もしくは直系血族であったときは該当しない

❸被相続人をだましたり脅したりして、被相続人が遺言書を書こうとしたり、遺言の取り消しや変更をしようとすることを妨害した者

❹被相続人をだましたり脅したりして、被相続人の意に反して遺言書を書かせたり、遺言の取り消しや変更をさせたりした者

❺被相続人の遺言書を故意に偽造したり、変造したり、破棄・隠匿した者

また、相続人の廃除(53ページ参照)がなされた場合も相続人にはなれません。なお、相続欠格や相続廃除された人に子があるときは、その子が代襲相続できます。

Q 相続税の計算をするときの、相続財産の評価の仕方は?

A 現金以外は財産の種類ごとに相続開始時の時価で評価します

相続財産の評価は、相続税法により、原則として相続開始時(被相続人が亡くなった日)の時価で評価されることになっています。これは贈与についても同様で、贈与財産の評価も贈与された日の時価で評価されます。しかし、時価については、個々の財産を客観的に評価するのがむずかしいことや、課税の公平性を保つために、国税庁では「財産評価基本通達」を作成し、財産を種類別に評価する

基準や基準方法を定めています。

Q 相続税・贈与税を計算するときの、宅地の評価の仕方は？

A 同じ宅地でも、市街地と郊外・農村部では評価方法が異なります

市街地の宅地については「路線価」を基準として計算（路線価方式）します。路線価とは、道路（路線）に面した標準的な土地、1平方メートルあたりの価額のことです。路線価は市区町村ごとに各国税局が定め、毎年改訂し公表しています。

路線価による土地の評価額は、基本的には「路線価×宅地面積（地積）」で求められますが、宅地の形状や立地条件に応じて調整を加えて評価額が決まります。

路線価をまとめた路線価図は、税務署や市区町村役所などで閲覧できるほか、「財産評価基本通達」とともに、国税庁のホームページで見ることができます。

郊外や農村部にあり、路線価が定められていない宅地については、「固定資産税評価額」に、国税庁により地域ごとに定められている一定の倍率を掛けて評価額を計算（倍率方式）します。土地の形状や立地条件などは関係ありません。固定資産税評価額は固定資産評価証明書で確認できます。倍率は国税局のホームページに掲載されています。また、相続税に限り、一定の条件にあてはまる宅地について、税額が軽減される特例（「小規模宅地等についての相続税の課税価格の計算の特例」）があります。

配偶者居住権の評価方法は、少し複雑ですので、税務署、税理士に確認してください。また、配偶者居住権が評価された評価額は、土地の評価額から配偶者居住権の評価額を控除した金額になります。

路線価方式による評価額の計算（例）

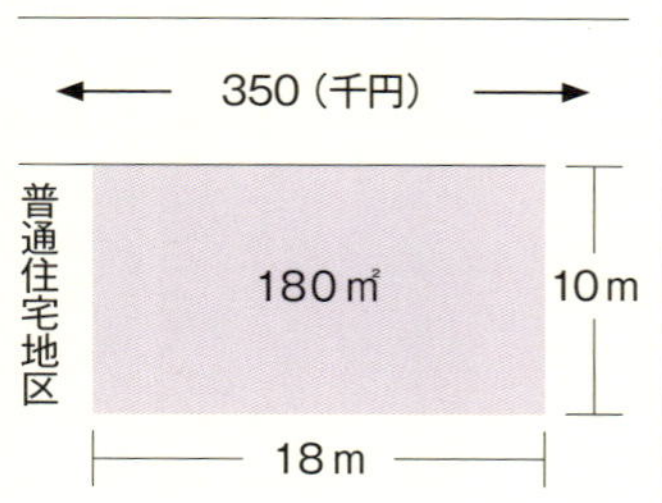

正面路線価 35万円／㎡ × 奥行価格補正率 1.0 × 面積 180㎡

＝ 評価額 6,300万円

● 国税庁の路線価のホームページ
http://www.rosenka.nta.go.jp/

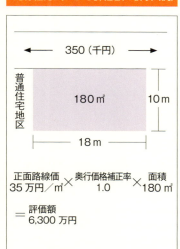

主な相続財産の評価方法

財産の種類	評価方法
宅地	・市街地の宅地　路線価方式「路線価×面積」 ・郊外や農村部の宅地　倍率方式「固定資産税評価額×国税庁が定める倍率」（小規模宅地等については特例がある）
借地権	・「土地の評価額（更地価格）×借地権割合」
建物	・「固定資産税評価額」
マンション	・建物は専有面積による「固定資産税評価額」、土地は「マンション全体の敷地面積の評価額×持ち分の割合」

預貯金	・「相続開始の日の預入残高」と、「相続開始の日現在において解約するとした場合に支払いを受けることができる既経過利子の額から源泉徴収税額を引いた金額」との合計額。ただし、普通預金、当座預金は預入金額
株式	・上場株式　相続開始日の終値と相続が開始された月以前３カ月間の毎日の終値の各月平均額の４つの価額のうち、最も低い価額
自動車・家財	・相続開始日に、同じ状態のものを買おうとした場合の価額。家財は１個または１組ごとに評価するのが原則だが、１個または１組の価額が５万円以下のものは「家財道具一式 50 万円」などのように一括して評価することができる
書画・骨董	・類似品の売買実例価額や専門家の意見などを参考に評価

PART 4

贈与の基本

遺言作成や相続税対策にあたっては、
贈与税の基本や相続時精算課税制度についても
知っておきましょう。

4

贈与とは？

POINT
- 贈与とは無償で財産を与えること。
- 贈与する人が贈与の意思表示をし、受ける人が承諾することにより、贈与は成立する。
- 贈与を受けた人には贈与税がかかる。

贈与は贈り手と受け手との契約

人に無償で財産を与えることを「贈与」といいます。財産を贈る側を「贈与者《ぞうよしゃ》」、受け取る側を「受贈者《じゅぞうしゃ》」といいます。

贈与は贈与者が一方的に意思表示をするだけでは成り立ちません。贈与者の「無償であげます」という意思表示に対して、受贈者が「もらいます」という承諾の意思表示をしてはじめて、民法上の贈与が成立します。贈与は贈り手側と受け手側との契約なのです。

したがって、意思能力のない乳幼児や認知症などの人は、あげることも、もらうこともできません。

贈与は口約束でも契約書を取り交わすことでもでき、どちらの場合でも実行の義務があります。口約束の場合は、まだ贈与が実行される前であれば取り消すこともできますが、契約書を交わすと、簡単には取り消すことができません。

贈与には、生きている間に財産を譲る「生前贈与」と、「自分が死んだら財産をあげる」と言って、死を条件に贈与する「死因贈与」があります。

生前贈与に関する税金には、「暦年課税」による贈与課税と「相続時精算課税制度」（192ページ参照）による贈与課税がありますが、ここでは、暦年課税による贈与課税について説明します。

贈与税は個人から個人への贈与にかかる

贈与を受けた人には贈与税が課税されます。贈与をした人には課税されません。贈与税の対象となるのは、個人が個人からの財産贈与を受けた場合です。個人から個人への贈与には、当然ですが、親子間、夫婦間の贈与も含まれています。

法人から贈与を受けた場合は、贈与税ではなく所得税の対象となります。

注意したい 親子間の借金や名義変更

気をつけたいのは、贈与をしたつもりでなくても、贈与とみなされる場合があることです。

たとえば、親子間の借金です。住宅取得資金や独立資金などとして、子が親から借金をすることはよくありますが、返済期間、返済方法、1回の返済金額、担保、利息などの取り決めをするとともに、返済の事実（銀行振り込みの控えなど）がないと、贈与とみなされて贈与税が課せられます。

さらに借金であると認められるには、返済期間、利息が世間並みであること、返済計画が借りた人の収入に見合っていることも必要です。

贈与ではなく借金であることを証明するためには、親子間の借金でも世間一般と同じように、借用証書を作成し、貸借関係を結びます（198ページ参照）。

また、不動産や株式、自動車などの名義を、何の対価もなく、妻や子の名義に変更したり、預貯金に家族の名義を借りたりすると、贈与とみなされて贈与税が課せられることがあるので、注意が必要です。

memo

死因贈与と遺贈

死因贈与は生前の契約であり、通常の贈与同様、口約束の場合は取り消すことができますが、契約書を交わした場合は、簡単には取り消すことができません。贈与者が死亡したあと、思いがけず相続税が高いことがわかったとしても放棄することはできないのです。

遺言による贈与の「遺《い》贈《ぞう》」（28ページ参照）は、遺言者が一方的に財産を譲る行為である点が、贈与とは異なります。遺贈は、遺言者《しゃ》が生きている間、受遺《じゅい》者は遺贈を放棄することができませんが、相続開始後は放棄することができます。また、遺言者はいつでも遺贈を取り消すことができます。

なお、死因贈与と遺贈の場合には、相続人でなくても贈与税ではなく相続税が課せられます。

贈与税がかかる財産・かからない財産

POINT

- 贈与税の課税対象は相続税の対象となる財産と同じ。
- 贈与税は「本来の財産」と「みなし贈与財産」にかかる。
- 贈与税には年間110万円の基礎控除がある。

「本来の財産」と「みなし贈与財産」

贈与税が課せられる財産には、「本来の財産」と「みなし贈与財産」があります。

「本来の財産」は、土地や建物などの不動産、現金、預貯金など、相続税の対象となる財産の「本来の財産」（178ページ参照）と同じで、経済価値のあるすべてのものにかかります。また、受贈者が国内居住者の場合、贈与税は国内にある財産だけでなく、国外にある財産を受け取った場合にもかかります。

「みなし贈与財産」として課税されるのには、次のような場合があります。

❶借金の免除や肩がわりをしてもらった場合
❷時価よりも著しい低価格で財産を譲り受けた（低額譲渡）場合
❸他の人が掛け金を負担した定期給付契約に関する権利の給付を受けた場合
❹信託の元本や利益を受ける権利（信託受益権）を与えられた場合
❺他の人が保険料を負担していた生命保険金を受け取った場合

贈与税がかからない財産

贈与税がかからない財産には次のようなものがあります。

❶法人からの贈与財産

一時所得として、所得税がかかります。

❷扶養義務者からの生活費や教育費としての贈与

親子間や兄弟姉妹などの扶養義務者からの贈与で、生活費や教育費として通常必要と認められる範囲内の財産。ただし、生活費や教育費などの名目で贈与された財産で、株式や不動産を購入した場合は課税されることもあります。

❸公益事業用財産

宗教、慈善、学術などの公益事業を行う人が取得し、公益事業のために使うことが確実な場合。

❹一定の要件にあてはまる奨学金など

奨学金の支給を目的とする特定公益信託や財務大臣の指定した特定公益信託から金品を取得した場合で、一定の要件にあてはまる場合。

❺心身障害者共済制度による給付金の受給権

地方公共団体の条例に定められた共済制度による給付金は非課税とされます。

❻特別障害者を受益者とする信託受益権

特別障害者には、信託銀行などの特定贈与信託による信託価額6000万円までが非課税となります。「障害者非課税信託申告書」の提出が必要です。

❼相続開始の年に被相続人から受けた贈与

贈与税ではなく、相続税の対象として相続財産（特定贈与財産を除く・190ページ参照）に加算されます。

❽社交上、必要な贈与

常識的な範囲内での年末年始の贈答、結婚祝い、見舞い金、香典、花輪代など。

❾その他

公職選挙法の適用を受けた選挙運動のための金品、離婚による財産分与や慰謝料も贈与税はかかりません。

年間110万円以下なら贈与税はかからない

暦年課税による贈与には受贈者1人に年間110万円の基礎控除があります。1年間に受け取った贈与財産の合計額から、110万円を引いた残りの額に贈与税がかかり、1年間の贈与の合計額が110万円以下であれば、贈与税はかかりません。

また、110万円以上の財産を受けた場合でも、贈与税がかからない場合があります。「配偶者の特別控除」（190ページ参照）を受ける場合と、「父母などから住宅取得等資金の贈与を受けたときの特例」（191ページ参照）を受ける場合です。

贈与税の申告と納付

POINT

● 贈与税は暦年単位（1月1日から12月31日までの1年間）で課税される。
● 贈与税は自己申告する。
● 申告・納税は贈与を受けた翌年、2月1日から3月15日の間に行う。

課税価格は贈与時の時価で評価される

暦年課税による贈与の場合、贈与税は毎年、1月1日から12月31日までの1年間に受けた贈与財産の合計額（課税価格という）について課税されます。

複数の人から贈与を受けた場合は、それぞれに贈与税がかかるのではなく、全部合計した金額に課税されます。

贈与税の課税価格は相続税と同様、贈与によって財産を取得した日の時価で評価されます。ただし、時価については客観的な評価がむずかしいことや、課税の公平性を保つため、国税庁では「財産評価基本通達」により、財産の種類別に評価基準の指針を定めています。

贈与税は課税価格から基礎控除額の110万円を引いた額に贈与税の税率をかけて計算します。

贈与税率は、相続税より高い税率になっています。

贈与税は自分で計算して申告・納税する

贈与税は、相続税と同様、申告義務のある人（贈与を受けた人）が自主的に申告し、納税することになっています。申告・納税は贈与を受けた翌年の2月1日から3月15日の間に行います。

申告書は贈与を受けた人の住所地の税務署に提出します。申告書類は、どこの税務署でも入手できます。申告や納税は期限を過ぎると、加算税や延滞税が課せられ、故意に申告・納税をしない場合は、5年以下の懲役または500万円以下の罰金が科せられることもあります。

贈与税の納付も相続税と同様、原則として金銭で一括納付することになっています。

贈与税の延納

贈与税額が10万円を超えている場合で、納期限までに納付が困難であるという理由があるときは、延納ができます。ただし、延納期間は最長5年で、年6・6％の利子税がかかります（特例による引き下げ措置あり）。また、期間が3年以上、贈与税額が50万円以上の場合は担保が必要です。

延納する場合は申告期限までに「延納許可申請書」を提出する必要があります。

贈与税の速算表（暦年課税）

課税価格	一般税率	控除額	特例税率	控除額
200 万円以下	10%	0 円	10%	0 円
300 万円以下	15%	10 万円	15%	10 万円
400 万円以下	20%	25 万円	15%	10 万円
600 万円以下	30%	65 万円	20%	30 万円
1,000 万円以下	40%	125 万円	30%	90 万円
1,500 万円以下	45%	175 万円	40%	190 万円
3,000 万円以下	50%	250 万円	45%	265 万円
4,500 万円以下	55%	400 万円	50%	415 万円
4,500 万円超	55%	400 万円	55%	640 万円

※この表の課税価格は基礎控除後、配偶者控除後の金額。
※直系尊属からの贈与には特例税率が適用されます。

● 贈与税の計算方法（暦年課税）

贈与税額＝
{課税価格（贈与された財産の価額）－
基礎控除 110 万円} ×税率－速算表の控除額

● 贈与税の計算例

20 才以上の子が父親から 600 万円、祖父から 200 万円の贈与を受けた場合

1 課税価格（600 万円＋ 200 万円）－基礎控除額 110 万円＝ 690 万円

2 690 万円×税率 30％－控除額 90 万円 ＝ 117 万円（贈与税額）

贈与税額は 117 万円

贈与税の配偶者控除

POINT

- 結婚20年以上の夫婦に1回だけ認められる。
- 居住用不動産についての贈与に適用される。
- 特別控除額は2000万円。

同一の夫婦に1回だけ認められる特典

夫婦であっても財産を贈与した場合には贈与税がかかりますが、20年以上、法律上の婚姻関係にある夫婦の場合には、贈与税の配偶者控除があります。

贈与税の配偶者控除は、自ら居住するための土地や建物の贈与、または土地や建物を取得するための資金の贈与にのみ認められる特典で、同一の夫婦に1回だけ認められます。

贈与税の配偶者控除額は最高2000万円です。贈与された不動産の贈与税の評価額、または購入資金から2000万円が控除され、2000万円を超える部分に課税されますが、さらに、2000万円を超える部分には、通常の贈与の110万円の基礎控除（186ページ参照）が受けられます。贈与が2000万円を超えない場合は、他の財産の贈与について110万円の基礎控除が受けられます。

この控除を受けるには、贈与税の申告（188ページ参照）時に適用を受ける旨を記載し、必要書類を添付しなければなりません。

生前贈与と相続のどちらが得か、熟慮が必要

この贈与から3年以内に、贈与を行った配偶者が亡くなった場合でも、贈与された特別控除の対象となった不動産や購入資金は「特定贈与財産」となり、相続税の課税対象にはなりません。贈与を受けた年に配偶者が亡くなった場合は、申告期限までに贈与税か相続税か、適用の選択ができます。

贈与税の配偶者控除では、贈与税は軽減されますが、贈与財産が不動産の場合には、登記をする際、

相続では0・4%の登録免許税が、贈与では2%と高くなります。さらに、相続ではかからない不動産取得税（3%）もかかります。一方相続では「配偶者の税額軽減」（177ページ参照）という、相続税が無税になるなど、大幅に減税される特典があります。

土地や建物などの不動産は、時代の経済状況などによって、評価額が変わります。贈与の配偶者控除を利用するほうが有利なのか、相続によって配偶者に渡すほうが有利なのか、簡単には判断できませんが、それぞれの場合の税額を比較検討することが必要でしょう。

贈与税の配偶者控除を受けるための条件

- 法律上の婚姻関係が20年以上の夫婦であること
- 同一の夫婦間に1回だけであること
- 贈与財産が自ら居住するための土地、家屋であること（取得資金も含まれる）
- 贈与を受けた年の翌年3月15日までに、贈与を受けた土地、家屋、または、贈与を受けた資金で取得した土地、家屋に住み、その後も引き続き住む見込みであること

memo

住宅取得等資金の贈与税の非課税

20才以上の人が、両親・祖父母から住宅取得等（土地の先行取得および住宅取得、住宅増改築）のための金銭の贈与を受けた場合（贈与を受ける人の合計所得金額が2000万円以下の年に限る）に、贈与税が非課税になります。

受贈者ごとの非課税限度額は、次の①または②の表のとおり、新築等をする住宅用の家屋の種類ごとに、受贈者が最初に非課税の特例の適用を受けようとする住宅用の家屋の新築等に係る契約の締結日に応じた金額となります。

① 下表②以外の場合

住宅用家屋の新築等に係る締結日	省エネ等住宅	左記以外の住宅
平成28年1月1日～令和2年3月31日	1200万円	700万円
令和2年4月1日～令和3年3月31日	1000万円	500万円
令和3年4月1日～令和3年12月31日	800万円	300万円

② 住宅用の家屋の新築等に係る対価等の額に含まれる消費税の税率が10%である場合

住宅用家屋の新築等に係る締結日	省エネ等住宅	左記以外の住宅
令和元年4月1日～令和2年3月31日	3000万円	2500万円
令和2年4月1日～令和3年3月31日	1500万円	1000万円
令和3年4月1日～令和3年12月31日	1200万円	700万円

（国税庁HPタックスアンサーより）

相続時精算課税制度

POINT

- 適用される贈与者は60才以上の者、受贈者は20才以上の推定相続人および孫。
- 贈与された財産を相続時に相続財産に加算する。
- 暦年課税か相続時精算課税が選択できる。
- 一度選択すると、撤回、変更はできない。
- 特別控除額は2500万円。

親から子への贈与などに適用され、年齢制限がある

「相続時精算課税」は、相続税と贈与税を一体化することにより、生前贈与を行いやすくし、世代間の財産の移行をスムーズに進め、個人消費を促すための制度です。

相続時精算課税の適用には条件があります。贈与する側（贈与者）は満60才以上の父母または祖父母であること、贈与を受ける側（受贈者）は満20才以上の推定相続人および孫であることです。該当する場合は、暦年課税による贈与か、相続時精算課税による贈与かを選択することができます。

相続時精算課税では、贈与財産の種類、金額、回数に制限はありません。受贈者である兄弟姉妹がそれぞれ、贈与者である父、母ごとに、この制度の利用を選択することができます。つまり、父、母、それぞれから、子の一人ひとりが、何回でもこの制度による贈与を受けることができるのです。

選択すると相続時まで継続

「相続時精算課税」を選択する場合は、贈与を受けた翌年の2月1日から3月15日までに、税務署に制度を選択する旨を届け出ます。最初の贈与の際に届け出れば、相続時まで継続して適用されます。変更、取り消しはできません。

また、この制度を選択すると、制度の対象となる贈与者からの贈与については、その年以後、贈与税

の基礎控除額１１０万円（年額）は受けられませんが、それ以外の人からの贈与については、基礎控除額１１０万円が受けられます。たとえば、父からの贈与については相続時精算課税を選択し、母や第三者からの贈与については暦年課税を利用し基礎控除額の１１０万円を使うということができます。

非課税額は２５００万円。住宅取得等資金の特例もある

「相続時精算課税」を選択した場合、贈与を受けた時点で制度の対象となる財産についての贈与税を、それ以外の贈与財産にかかる贈与税と区別して申告・納税します。

相続時精算課税では贈与税について２５００万円が特別控除額（非課税額）となります。この特別控除額は２５００万円になるまで、複数回にわたって利用することができます。２５００万円を超える部分については、一律20％の税率で課税されます。

相続時に贈与財産と相続財産を合算

贈与者が亡くなったときには、この制度の対象となったそれまでの贈与財産を相続財産に加算して相続税を計算します。その相続税額から贈与を受けた時点でおさめた贈与税相当額を控除します。控除しきれない場合、つまり相続税よりも、すでに支払った贈与税額（控除額）のほうが大きい場合は、控除しきれなかった金額が還付されます。

相続財産に加算する贈与財産の価額は相続時の時価ではなく、贈与時の時価で計算します。

暦年課税と相続時精算課税による贈与

	暦年課税による贈与	相続時精算課税による贈与
贈与者・受贈者	条件なし	満60才以上の父母または祖父母から満20才以上の推定相続人および孫への贈与（住宅取得等資金の場合、親の年齢制限はなし）
届け出	不要	届け出が必要（一度選択すると相続時まで継続し、撤回はできない）
課税時期	贈与時	贈与時・相続時
控除	基礎控除額 110万円（年額）	特別控除額2,500万円 住宅取得等資金の場合加算あり
税率	10～55%	一律20%（控除額を超える部分）
相続時	課税なし（相続開始前3年以内の被相続人からの贈与を除く）	贈与財産（贈与時の時価）と相続財産を合算して相続税を計算 贈与時の納税額が相続税額を超えたときは、還付される

● 相続時精算課税を利用した場合の贈与税の計算例

父からの贈与について相続時精算課税を選択し、母からの贈与について暦年課税を選択。1年目は父から1,000万円、母から500万円の贈与を受ける。2年目には父から2,000万円、母から100万円の贈与を受けた場合

1年目

父からの贈与

1,000万円－特別控除額1,000万円＝0円

贈与税額は0円

（翌年以降に繰り越される特別控除は2,500万円－1,000万円＝1,500万円）

母からの贈与

500万円－基礎控除額110万円＝390万円

390万円×贈与税率15%－控除額10万円＝48.5万円

贈与税額は48.5万円

※直系尊族からの贈与は特例税率が適用できます。ただし、一定の書類の提出が必要。

暦年課税と相続時精算課税による贈与

2年目

父からの贈与

2,000 万円－特別控除額 1,500 万円＝ 500 万円（課税される金額）
（前年から繰り越された特別控除額 2,500 万円－ 1,000 万円＝ 1,500 万円）
500 万円×税率 20% ＝ 100 万円

贈与税額は 100 万円

母からの贈与

100 万円－基礎控除額 100 万円＝ 0 円

贈与税額は 0 円

※父が死亡したときには、父から受けた贈与の合計額 3,000 万円を相続税の課税価格に加算します。

相続時精算課税を利用した場合の贈与税の計算例

3,000 万円の生前贈与を受けた場合

〈 贈与時 〉

500 万円×税率 20% ＝ 100 万円

100 万円を贈与税として納付

〈 相続時（贈与者の死亡時）〉

課税部分の課税価格×相続税率＝相続税額

※相続税額が、すでにおさめている贈与税納付額の 100 万円を超えていれば、その差額を相続税として納付します。相続税額が 100 万円未満であれば、その差額が還付されます。

生命保険金と贈与税

POINT

- 生命保険金は契約の仕方によって、受取人が負担する税金が異なる。
- 他の人が保険料を負担していた保険の保険金を受け取った場合は、贈与税、相続税の対象になる。

死亡保険金に課税される税金

生命保険金は、保険料の負担者、被保険者、保険金の受取人がだれであるかによって、課税される税金（所得税、相続税、贈与税）が違ってきます。

被保険者が保険料を負担していた生命保険では、被保険者が亡くなった場合、死亡保険金は指定された受取人のものになり、遺産分割の対象にはなりませんが、みなし相続財産として他の相続財産に加算され、相続税の対象になります。

この場合、指定されていた受取人が被相続人の法定相続人であれば生命保険金の非課税（177ページ参照）の適用が受けられますが、受取人が法定相続人でない場合は、生命保険金の非課税の適用は受けられません。

保険料負担者自身が受取人で、被保険者が受取人以外の場合は、死亡保険金は負担者自身の一時所得として所得税の対象となります。

保険料負担者と被保険者、受取人が別々の場合は、保険金は保険料負担者から受取人への贈与（みなし贈与）とみなされ、贈与税が課せられます。

満期保険金に課税される税金

満期保険金は、保険金の受取人が保険料負担者自身の場合は、一時所得として所得税の対象になります。保険料負担者以外の人を受取人にしている場合は、満期保険金は保険料負担者から受取人への贈与（みなし贈与）になり、受取人に贈与税が課せられます。

死亡保険金・満期保険金と税金

	保険料負担者	被保険者・事由	受取人	税金
死亡保険金	夫	夫・死亡	妻（法定相続人）	妻に相続税（非課税の適用あり）
死亡保険金	夫	夫・死亡	法定相続人以外の人	受取人に相続税（非課税の適用なし）
死亡保険金	夫	妻・死亡	夫	夫に所得税（一時所得）
死亡保険金	夫	妻・死亡	子	子に贈与税
満期保険金	夫	夫・満期	夫	夫に所得税（一時所得）
満期保険金	夫	夫・満期	妻	妻に贈与税

Q 親から多額の借金をするときの、契約書の書き方は？

A 貸主、借主、金額、返済期間、弁済方法などを明記します

親から借金をする場合、贈与とみなされないためには「金銭消費貸借契約書」を作成します。契約書には、貸主（親）、借主（子）、借りた金額、返済期間、返済方法、利息を明記し、金額に応じた印紙をはり、貸主、借主の双方が署名・押印します。契約書は2通作成し、各自が保有します。契約書を作成しても実際に契約書の記載どおりに返済が行われないと、贈与とみなされます。また、金利と元金の返済は、あとに証拠が残る銀行振込などにします。

この返済金につき、その後、返済金の一部を免除（みなし贈与・課税あり）していくことも可能です。

金銭消費貸借契約書の例

印紙

金銭消費貸借契約書

貸主田中太郎（以下、甲）と借主田中一郎（以下、乙）は、以下のとおり金銭消費貸借契約を締結した。

第１条　甲は乙に対し、本日◯◯万円を貸し渡し、乙はこれを受け取り借用した。

第２条　乙は、元金を令和◯年◯月◯日から令和◯年◯月◯日まで、毎月末日までに金◯◯万円ずつ合計◯回の分割払いで、銀行振込による送金にて甲に返済する。

第３条　利息は年◯％と定め、令和◯年◯月◯日から令和◯年◯月◯日まで、毎月末日までに、銀行振込による送金にて支払う。

本契約を証するため、本契約書２通を作成し、各当事者署名押印のうえ、各１通を保有する。

令和◯年◯月◯日

貸主（甲）　住所　東京都文京区目白台◯丁目◯番
田中太郎

借主（乙）　住所　東京都練馬区大泉◯丁目◯番◯
田中一郎

Q 相続税の節税を考えて贈与をするときのポイントは？

A 財産内容を把握し、できるだけ長期間に贈与ができるよう計画を立てます

まず、暦年贈与の基礎控除額１１０万円を利用する方法があります。たとえば、毎年３人の相続人に１１０万円ずつ贈与をしていくと、10年間で３３００万円の贈与を非課税で行うことができます。また、ある程度の贈与税を支払っても、相続税の予想最高税率未満ならば、もっと多額の贈与でも有利です。

この方法は相続人が多い場合や、長期間続けた場合、相続税対策となりますが、短い期間で贈与者が亡くなると、節税の効果がなくなることもあります。相続開始前3年以内の贈与は相続財産として加算されるので、贈与者が贈与して3年以内に亡くなった場合は節税の効果がなくなります。相続税対策のための贈与は、できるだけ早くから長期的に行うことが理想です。

また、現金を不動産にかえて贈与したり、贈与税の配偶者控除（190ページ参照）、住宅取得等資金の贈与を受けたときの非課税の特例（191ページ参照）、相続時精算課税制度（192ページ参照）を利用するなど、財産や被相続人、相続人の状況などによって、いろいろな方法が考えられます。必要であれば税理士やファイナンシャルプランナーなどの専門家に相談をするとよいでしょう。

Q 毎年、子どもや孫に贈与を続けていくときの注意点は？

A 連年贈与は金額、預貯金であれば印鑑、通帳の保管に注意が必要です

毎年続けて贈与をしていくとき、注意しなければならないのは、まず金額です。毎年同じ金額を贈与し続けることを「連年贈与」といいますが、連年贈与をすると、総額について「定期金の贈与」とみなされ、贈与税が課せられることがあります。

たとえば、200万円を10年にわたって毎年贈与した場合、最初の贈与のときに「合計2000万円を毎年200万円、10年間贈与する」という契約がかわされたとみなされ、一括して2000万円に対する贈与税が課せられることもあります。これは、毎年の金額が基礎控除額以下であっても同じです。

「定期金の贈与」とみなされないためには、毎年、贈与するたびに贈与契約を結ぶ（贈与契約書を作成する）、贈与する金額や財産の種類を年ごとに変える、毎年、贈与する月日を変える、などをします。そして、110万円を超える贈与の場合は、必ず贈与税の申告をします。

また、贈与にあたって贈る側（贈与者）が、もらう側（受贈者）名義の預貯金の口座を開設して振り込み、贈与者が印鑑も通帳も保管していると、贈与ではなく口座の名義借りとみなされます。贈与であ

ることを明確にするためには、もらう側（受贈者）自身が自分の印鑑を使用して振込口座を開設し、通帳と印鑑を自分で管理することも必要です。

また、低年齢者への贈与は、相手がもらったという自覚がないので成立しません。

贈与契約書の例

印紙

贈与契約書

贈与者山田太郎と受贈者山田一郎との間で左記のとおり贈与契約を締結した。

第一条　山田太郎は、その所有する左記の財産を山田一郎に贈与し、山田一郎はこれを受諾した。

株式会社○○商事の株式　　二〇〇〇株

第二条　山田太郎は右記財産を令和○年○月○日までに、山田一郎に引き渡すこととする。

右記契約の証として本書を作成し、贈与者、受贈者各1通保有する。

令和○年○月○日

贈与者　（住所）東京都千代田区神保町○丁目○番○
（氏名）　山田太郎 ㊞

受贈者　（住所）東京都板橋区赤塚○丁目○番○
（氏名）　山田一郎 ㊞

Q 墓地や墓石の購入は、節税になる？

A 生前に購入しておくと、その分だけ相続財産を減らすことができます

墓地や墓石、仏壇、位牌、神棚などの祭祀財産は、相続税の課税対象ではありません。生前に本人のお金で購入しておけば、その分だけ相続財産を減らすことができます。また、葬儀費用は相続財産からマイナスすることができますが、墓地や墓石の購入費用は、被相続人が死亡してから購入する場合、相続財産からマイナスすることはできません。購入費用は購入者の負担になってしまいます。

墓地や墓石、仏壇など、いずれ必要になるのであれば、生前に購入しておくとよいでしょう。ただし、ローンを組んで購入した場合、相続時にローンの未払い金が残っていても、未払い金は相続財産から控除される債務の対象にはなりません。

巻末保存

遺言・相続・
贈与についての
相談・問い合わせ先

専門家への相談・依頼

●時には専門家のアドバイスも必要

遺言書の作成や相続の手続き、贈与の方法を選ぶときなど、わからないことがあれば、専門家のアドバイスを受けましょう。専門家の手助けを得たほうが、的確で満足のいく結果を得られることがあります。どのようなときに、どの専門家に相談したらよいのか、表にしましたので目安にしてください。

また、まずは相談をしたいという場合は、都道府県や市区町村の無料法律相談を利用したり、弁護士会の法律相談を利用する方法もあります。相続税や贈与税に関しては、各地の税務署で税務相談を受け付けていますし、税理士に相談する方法もあります。家庭裁判所には家事相談室があります。

電話相談やファクシミリ、インターネットなどの情報サービスもあるので、じょうずに利用しましょう。

【専門家に相談・依頼するとき】

	専門家	相談・依頼の内容
遺言書の作成	弁護士	自筆証書遺言・公正証書遺言の作成アドバイス、公正証書遺言・秘密証書遺言の証人、遺言執行者など
	司法書士	遺言書の作成・相続の法的アドバイスなど
	税理士	相続税・贈与税の相談など
	公証人	公正証書遺言の作成アドバイス・作成、秘密証書遺言の作成アドバイス、秘密証書遺言の公証など
遺産相続	弁護士	遺言の執行、遺産分割協議書の作成、相続トラブルの解決など
	税理士	相続税の有無・財産の評価・相続税の申告書類の作成と提出など
	司法書士	家庭裁判所への申立書類の作成と提出、遺産分割協議書の作成、相続後の財産の名義変更など

弁護士

法律全般に関する専門家である弁護士には、遺言書の作成から執行、相続時のトラブル解決など、トータルでアドバイスを受けられます。遺言執行者や、公正証書遺言・秘密証書遺言作成時の証人を依頼することもできます。

各地の弁護士会では法律相談センターを設置しています。相談は原則的に有料で、料金は弁護士によって違いますが、個人の初めての相談は30分5,000円程度であることが多いようです。相談に出向くときは、相談内容を個条書きにするなど、まとめておき、できるだけ、関係書類（財産目録、登記事項証明書、戸籍謄本、相続人の関係図など）を持参しましょう。

日本弁護士連合会ホームページ ▶▶▶ http://www.nichibenren.or.jp/

◆ 全国の弁護士会一覧

	名称	住所	電話番号
北海道	札幌弁護士会	〒060-0001 札幌市中央区北一条西10-1-7　札幌弁護士会館	011-281-2428
	函館弁護士会	〒040-0031　函館市上新川町1-3	0138-41-0232
	旭川弁護士会	〒070-0901　旭川市花咲町4	0166-51-9527
	釧路弁護士会	〒085-0824　釧路市柏木町4-3	0154-41-0214
東北	仙台弁護士会	〒980-0811　仙台市青葉区一番町2-9-18	022-223-1001
	福島県弁護士会	〒960-8115　福島市山下町4-24	024-534-2334
	山形県弁護士会	〒990-0042 山形市七日町2-7-10　NANA BEANS 8階	023-622-2234
	岩手弁護士会	〒020-0022 盛岡市大通一丁目2-1　岩手県産業会館本館2階	019-651-5095
	秋田弁護士会	〒010-0951　秋田市山王6-2-7	018-862-3770
	青森県弁護士会	〒030-0861 青森市長島1-3-1 日本赤十字社青森県支部ビル5階	017-777-7285
関東	東京弁護士会	〒100-0013　千代田区霞が関1-1-3	03-3581-2201
	第一東京弁護士会	〒100-0013　千代田区霞が関1-1-3	03-3595-8585

	名称	住所	電話番号
関東	第二東京弁護士会	〒100-0013　千代田区霞が関1-1-3　弁護士会館9階	03-3581-2255
	神奈川県弁護士会	〒231-0021　横浜市中区日本大通9	045-211-7700
	埼玉弁護士会	〒330-0063　さいたま市浦和区高砂4-7-20	048-863-5255
	千葉県弁護士会	〒260-0013　千葉市中央区中央4-13-9	043-227-8431
	茨城県弁護士会	〒310-0062　水戸市大町2-2-75	029-221-3501
	栃木県弁護士会	〒320-0845　宇都宮市明保野町1-6	028-689-9000
	群馬弁護士会	〒371-0026　前橋市大手町3-6-6	027-233-4804
中部	静岡県弁護士会	〒420-0853　静岡市葵区追手町10-80	054-252-0008
	山梨県弁護士会	〒400-0032　甲府市中央1-8-7	055-235-7202
	長野県弁護士会	〒380-0872　長野市妻科432	026-232-2104
	新潟県弁護士会	〒951-8126　新潟市中央区学校町通一番町1	025-222-5533
	愛知県弁護士会	〒460-0001　名古屋市中区三の丸1-4-2	052-203-1651
	三重弁護士会	〒514-0032　津市中央3-23	059-228-2232
	岐阜県弁護士会	〒500-8811　岐阜市端詰町22	058-265-0020
	福井弁護士会	〒910-0004 福井市宝永4-3-1　サクラNビル7階	0776-23-5255
	金沢弁護士会	〒920-0937　金沢市丸の内7-36	076-221-0242
	富山県弁護士会	〒930-0076　富山市長柄町3-4-1	076-421-4811
近畿	大阪弁護士会	〒530-0047　大阪市北区西天満1-12-5	06-6364-0251
	京都弁護士会	〒604-0971 京都市中京区富小路通丸太町下ル	075-231-2378
	兵庫県弁護士会	〒650-0016　神戸市中央区橘通1-4-3	078-341-7061
	奈良弁護士会	〒630-8237　奈良市中筋町22-1	0742-22-2035
	滋賀弁護士会	〒520-0051　大津市梅林1-3-3	077-522-2013
	和歌山弁護士会	〒640-8144　和歌山市四番丁5	073-422-4580
中国	広島弁護士会	〒730-0012　広島市中区上八丁堀2-73	082-228-0230
	山口県弁護士会	〒753-0045　山口市黄金町2-15	083-922-0087
	岡山弁護士会	〒700-0807　岡山市北区南方1-8-29	086-223-4401

	名称	住所	電話番号
中国	鳥取県弁護士会	〒680-0011　鳥取市東町2-221	0857-22-3912
	島根県弁護士会	〒690-0886 松江市母衣町55-4　松江商工会議所ビル7階	0852-21-3225
四国	香川県弁護士会	〒760-0033　高松市丸の内2-22	087-822-3693
	徳島弁護士会	〒770-0855　徳島市新蔵町1-31	088-652-5768
	高知弁護士会	〒780-0928　高知市越前町1-5-7	088-872-0324
	愛媛弁護士会	〒790-0003　松山市三番町4-8-8	089-941-6279
九州・沖縄	福岡県弁護士会	〒810-0044　福岡市中央区六本松4-2-5	092-741-6416
	佐賀県弁護士会	〒840-0833　佐賀市中の小路7-19	0952-24-3411
	長崎県弁護士会	〒850-0875 長崎市栄町1-25　長崎MSビル4階	095-824-3903
	大分県弁護士会	〒870-0047　大分市中島西1-3-14	097-536-1458
	熊本県弁護士会	〒860-0078　熊本市中央区京町1-13-11	096-325-0913
	鹿児島県弁護士会	〒892-0815　鹿児島市易居町2-3	099-226-3765
	宮崎県弁護士会	〒880-0803　宮崎市旭1-8-45	0985-22-2466
	沖縄弁護士会	〒900-0014　那覇市松尾2-2-26-6	098-865-3737

国税庁・国税局・税務署の税務相談

国税庁のウェブサイトの「タックスアンサー」では、税金に関する詳しい情報を提供しています。国税局の電話相談センターでは国税に関する質問を受け付けています（電話相談センターの窓口は、各地の税務署）。また、各地の税務署では税に関する個別の相談を、無料で受け付けています。まずは所轄や最寄りの税務署に電話を。

国税庁のホームページ ▶▶▶ http://www.nta.go.jp/

家庭裁判所

相続や離婚、扶養、子の監護など、家庭内や親族間の問題（家事事件という）を扱うのが家庭裁判所です。遺産相続の争いは、家庭裁判所に調停・審判を申し立てます。

また、遺産相続にかかわる、遺言書の検認、限定承認・相続放棄、遺言執行者の選任、失踪宣告、不在者の財産管理人の選任、特別代理人の選任などの申し立ては、家庭裁判所に申し立てます。申し立てる家庭裁判所は事案によって異なるので確認が必要です。

申し立て書式は家庭裁判所で手に入るほか、たいていの書式がファクスサービスや裁判所のホームページからダウンロードできます。

家庭裁判所内にある家事手続き案内では、家事事件について無料で相談ができます。

裁判所のホームページ ▶▶▶ http://www.courts.go.jp/

◆ 全国の家庭裁判所一覧 ※このほか、各裁判所に支部、出張所があります。

	名称	住所	電話番号
北海道	札幌家庭裁判所	〒060-0042 札幌市中央区大通西12	011-221-7281
	旭川家庭裁判所	〒070-8641 旭川市花咲町4	0166-51-6251
	釧路家庭裁判所	〒085-0824 釧路市柏木町4-7	0154-41-4171
	函館家庭裁判所	〒040-8602 函館市上新川町1-8	0138-38-2350
東北	青森家庭裁判所	〒030-8523 青森市長島1-3-26	017-722-5732
	秋田家庭裁判所	〒010-8504 秋田市山王7-1-1	018-824-3121
	盛岡家庭裁判所	〒020-8520 盛岡市内丸9-1	019-622-3458
	山形家庭裁判所	〒990-8531 山形市旅篭町2-4-22	023-623-9511
	仙台家庭裁判所	〒980-8637 仙台市青葉区片平1-6-1	022-222-4165
	福島家庭裁判所	〒960-8112 福島市花園町5-38	024-534-2434
関東・甲信越	宇都宮家庭裁判所	〒320-8505 宇都宮市小幡1-1-38	028-333-0048
	前橋家庭裁判所	〒371-8531 前橋市大手町3-1-34	027-231-4275
	水戸家庭裁判所	〒310-0062 水戸市大町1-1-38	029-224-8175
	さいたま家庭裁判所	〒330-0063 さいたま市浦和区高砂3-16-45	048-863-8844
	千葉家庭裁判所	〒260-0013 千葉市中央区中央4-11-27	043-222-0165

	名称	住所	電話番号
関東・甲信越	東京家庭裁判所	〒100-8956　千代田区霞が関 1-1-2	03-3502-8311
	横浜家庭裁判所	〒231-8585　横浜市中区寿町 1-2	045-681-4181
	甲府家庭裁判所	〒400-0032　甲府市中央 1-10-7	055-213-2541
	長野家庭裁判所	〒380-0846　長野市旭町 1108	026-403-2038
	新潟家庭裁判所	〒951-8513　新潟市中央区川岸町 1-54-1	025-266-3171
中部	静岡家庭裁判所	〒420-8604　静岡市葵区城内町 1-20	054-273-5454
	岐阜家庭裁判所	〒500-8710　岐阜市美江寺町 2-4-1	058-262-5346
	富山家庭裁判所	〒939-8502　富山市西田地方町 2-9-1	076-421-8156
	金沢家庭裁判所	〒920-8655　金沢市丸ノ内 7-1	076-221-3114
	福井家庭裁判所	〒910-8524　福井市春山 1-1-1	0776-91-5069
	名古屋家庭裁判所	〒460-0001　名古屋市中区三の丸 1-7-1	052-223-3411
	津家庭裁判所	〒514-8526　津市中央 3-1	059-226-4711
近畿	京都家庭裁判所	〒606-0801　京都市左京区下鴨宮河町 1	075-722-7211
	大津家庭裁判所	〒520-0044　大津市京町 3-1-2	077-503-8154
	大阪家庭裁判所	〒540-0008　大阪市中央区大手前 4-1-13	06-6943-5321
	和歌山家庭裁判所	〒640-8143　和歌山市二番丁 1 番地	073-428-9959
	奈良家庭裁判所	〒630-8213　奈良市登大路町 35	0742-26-1271
	神戸家庭裁判所	〒652-0032　神戸市兵庫区荒田町 3-46-1	078-521-5930
中国	岡山家庭裁判所	〒700-0807　岡山市北区南方 1-8-42	086-222-6771
	鳥取家庭裁判所	〒680-0011　鳥取市東町 2-223	0857-22-2171
	松江家庭裁判所	〒690-8523　松江市母衣町 68	0852-23-1701
	広島家庭裁判所	〒730-0012　広島市中区上八丁堀 1-6	082-228-0494
	山口家庭裁判所	〒753-0048　山口市駅通り 1-6-1	083-922-1330
四国	高松家庭裁判所	〒760-8585　高松市丸の内 2-27	087-851-1942
	徳島家庭裁判所	〒770-8528　徳島市徳島町 1-5-1	088-603-0140
	松山家庭裁判所	〒790-0006　松山市南堀端町 2-1	089-942-0083
	高知家庭裁判所	〒780-8558　高知市丸ノ内 1-3-5	088-822-0441
九州・沖縄	福岡家庭裁判所	〒810-0044　福岡市中央区六本松 4-2-4	092-711-9651
	佐賀家庭裁判所	〒840-0833　佐賀市中の小路 3-22	0952-23-3161
	大分家庭裁判所	〒870-8564　大分市荷揚町 7-15	097-532-7161
	長崎家庭裁判所	〒850-0033　長崎市万才町 6-25	095-804-4147
	熊本家庭裁判所	〒860-0001　熊本市中央区千葉城町 3-31	096-355-6121
	宮崎家庭裁判所	〒880-8543　宮崎市旭 2-3-13	0985-23-2261
	鹿児島家庭裁判所	〒892-8501　鹿児島市山下町 13-47	099-222-7121
	那覇家庭裁判所	〒900-8603　那覇市樋川 1-14-10	098-855-1000

公証人

公正証書遺言や秘密証書遺言を作成したい場合は、まず公証役場（公証人役場）に相談に行きましょう。相談は無料です。また、公証人には法的に守秘義務があるので、相談内容が漏れる心配はありません。

公正証書遺言・秘密証書遺言は、どこの公証役場でも作成できます。（公正証書遺言作成の手数料は 41 ページ参照）

日本公証人連合会のホームページ ▶▶▶ http://www.koshonin.gr.jp/

◆ 全国の公証役場（公証人役場）一覧

	名称	住所	電話番号
北海道	札幌大通	〒060-0042 札幌市中央区大通西４丁目　道銀ビル 10 階	011-241-4267
北海道	札幌中	〒060-0042 札幌市中央区大通西 11-4　登記センタービル５階	011-271-4977
北海道	小樽	〒047-0031 小樽市色内 1-9-1　松田ビル１階	0134-22-4530
北海道	岩見沢	〒068-0024 岩見沢市４条西 1-2-5　MY 岩見沢ビル２階	0126-22-1752
北海道	室蘭	〒050-0074 室蘭市中島町 1-33-9　山松ビル４階	0143-44-8630
北海道	苫小牧	〒053-0022 苫小牧市表町 2-3-23　エイシンビル２階	0144-36-7769
北海道	滝川	〒073-0022 滝川市大町 1-8-1　産経会館３階	0125-24-1218
北海道	函館合同	〒040-0063 函館市若松町 15-7-51　函館北洋ビル５階	0138-22-5661
北海道	旭川合同	〒070-0036 旭川市６条通 8-37-22　68 ビル５階	0166-23-0098
北海道	名寄	〒096-0011 名寄市西１条南 9-35	01654-3-3131
北海道	釧路合同	〒085-0014 釧路市末広町 7-2　金森ビル	0154-25-1365
北海道	帯広合同	〒080-0016 帯広市西６条南 6-3　ソネビル３階	0155-22-6789
北海道	北見	〒090-0024 北見市北４条東 1-11　双進ビル３階	0157-31-2511
東北	仙台合同	〒980-0802 仙台市青葉区二日町 16-15　プライムゲート晩翠通２階	022-222-8105
東北	仙台一番町	〒980-0811 仙台市青葉区一番町 2-2-13　仙建ビル６階	022-224-6148
東北	仙台本町	〒980-0014 仙台市青葉区本町 2-10-33　第二日本オフィスビル３階	022-261-0744
東北	石巻	〒986-0826 石巻市鋳銭場 5-9　いせんばプラザ１階 102	0225-22-5791
東北	古川	〒989-6162 大崎市古川駅前大通 2-6-16　古川土地ビル３階	0229-22-2332
東北	大河原	〒989-1245 柴田郡大河原町字新南 35-3	0224-53-2265

	名称	住所	電話番号
東北	福島合同	〒960-8043 福島市中町 5-18 福島県林業会館 1 階	024-521-2557
	郡山合同	〒963-8017 郡山市長者 1-7-20 東京海上日動ビル 2 階	024-932-6037
	白河	〒961-0856 白河市新白河 1-38	0248-23-2203
	会津若松	〒965-0022 会津若松市滝沢町 5-40 市原ビル 1 階	0242-37-1955
	いわき	〒970-8026 いわき市平字菱川町 1-3 いわき市社会福祉センター 4 階	0246-23-4066
	相馬	〒976-8601 相馬市中村字北町 63-3 相馬市役所 1 階	0244-36-1008
	山形	〒990-0038 山形市幸町 18-20 JA 山形市本店ビル 6 階	023-625-1693
	鶴岡	〒997-0044 鶴岡市新海町 17-68 鶴岡法務総合ビル 2 階	0235-22-9996
	米沢	〒992-0012 米沢市金池 2 丁目 6-23 舟山ハイツ 1 階	0238-22-6886
	盛岡合同	〒020-0022 盛岡市大通 3-2-8 岩手県金属工業会館 3 階	019-651-5828
	宮古	〒027-0052 宮古市宮町 1-3-5 陸中ビル 2 階	0193-63-4431
	一関	〒021-0885 一関市田村町 2-25	0191-21-2986
	花巻	〒025-0075 花巻市花城町 10-27 花巻商工会議所会館 3 階	0198-23-2002
	秋田合同	〒010-0921 秋田市大町 3-5-8 ウィング・プラン 3 階	018-864-0850
	能代	〒016-0845 能代市通町 9-48 大丸ビル 2 階	0185-52-7728
	青森合同	〒030-0861 青森市長島 1-3-17 阿保歯科ビル 4 階	017-776-8273
	弘前	〒036-8364 弘前市大字新町 176-3	0172-34-3084
	八戸	〒031-0041 八戸市大字廿三日町 28 八戸ウエストビル 201	0178-43-1213
関東・甲信越	博物館前本町	〒231-0005 横浜市中区本町 6-52 本町アンバービル 5 階	045-212-2033
	横浜駅西口	〒220-0004 横浜市西区北幸 1-5-10 東京建物ビル 4 階	045-311-6907
	関内大通り	〒231-0047 横浜市中区羽衣町 2-7-10 関内駅前マークビル 8 階	045-261-2623
	尾上町	〒231-0015 横浜市中区尾上町 3-35 第一有楽ビル 8 階	045-212-3609
	みなとみらい	〒231-0011 横浜市中区太田町 6-87 横浜フコク生命ビル 10 階	045-662-6585
	鶴見	〒230-0051 横浜市鶴見区鶴見中央 4-32-19 鶴見センタービル 202	045-521-3410
	上大岡	〒233-0002 横浜市港南区上大岡西 1-15-1 カミオ 403-2	045-844-1102
	川崎	〒210-0007 川崎市川崎区駅前本町 3-1 NMF 川崎東口ビル 11 階	044-222-7264
	溝ノ口	〒213-0001 川崎市高津区溝口 3-14-1 田中屋ビル 2 階	044-811-0111
	藤沢	〒251-0025 藤沢市鵠沼石上 2-11-2 湘南 K ビル 1 階	0466-22-5910
	横須賀	〒238-0006 横須賀市日の出町 1-7-16 よこすか法務ビル	046-823-0328
	小田原	〒250-0011 小田原市栄町 1-8-1 Y&Y ビル 6 階	0465-22-5772
	平塚	〒254-0807 平塚市代官町 9-26 M 宮代会館 4 階	0463-21-0267

	名称	住所	電話番号
関東・甲信越	厚木	〒243-0018 厚木市中町 3-13-8 アイリスヴェール2階	046-221-1813
	相模原	〒252-0231 相模原市中央区相模原 4-3-14 第一生命ビル5階	042-758-1888
	浦和	〒330-0063 さいたま市浦和区高砂 3-7-2 タニグチビル3階	048-831-1951
	川口	〒332-0012 川口市本町 4-1-5 高橋ビル2階	048-223-0911
	春日部	〒344-0067 春日部市中央 1-51-1 春日部大栄ビル3階	048-792-0811
	川越	〒350-0043 川越市新富町 2-22 八十二銀行ビル5階	049-224-9454
	熊谷	〒360-0037 熊谷市筑波 3-4 朝日八十二ビル4階	048-524-9733
	越谷	〒343-0813 越谷市越ケ谷 2-2-1 浜野ビル4階	048-962-2796
	秩父	〒368-0033 秩父市野坂町 1-20-31 MTビル1階	0494-23-3788
	東松山	〒355-0028 東松山市箭弓町 1-13-20 光越園ビル3階	0493-23-4413
	大宮	〒330-8669 さいたま市大宮区桜木町 1-7-5 ソニックシティビル8階	048-642-4355
	所沢	〒359-0035 所沢市西新井町 20-10	04-2994-2323
	霞ヶ関	〒100-0011 千代田区内幸町 2-2-2 富国生命ビル地下1階	03-3502-0745
	日本橋	〒103-0026 中央区日本橋兜町 1-10 日証館ビル1階	03-3666-3089
	渋谷	〒150-0041 渋谷区神南 1-21-1 日本生命渋谷ビル8階	03-3464-1717
	神田	〒101-0044 千代田区鍛冶町 1-9-4 KYYビル3階	03-3256-4758
	池袋	〒170-6008 豊島区東池袋 3-1-1 サンシャイン60ビル8階	03-3971-6411
	大森	〒143-0016 大田区大森北 1-17-2 大森センタービル2階	03-3763-2763
	新宿	〒160-0023 新宿区西新宿 7-4-3 升本ビル5階	03-3365-1786
	文京	〒112-0003 文京区春日 1-16-21 文京シビックセンター8階	03-3812-0438
	上野	〒110-0015 台東区東上野 1-7-2 冨田ビル4階	03-3831-3022
	浅草	〒111-0034 台東区雷門 2-4-8 浅草ビル2階	03-3844-0906
	丸の内	〒100-0005 千代田区丸の内 3-3-1 新東京ビル2階235区	03-3211-2645
	京橋	〒104-0031 中央区京橋 1-1-10 西勘本店ビル6階	03-3271-4677
	銀座	〒104-0061 中央区銀座 4-4-1 八光ビル5階	03-3561-1051
	新橋	〒105-0004 港区新橋 1-18-1 航空会館6階	03-3591-4845
	芝	〒105-0003 港区西新橋 3-19-14 東京建硝ビル5階	03-3434-7986
	麻布	〒106-0045 港区麻布十番 1-4-5 深尾ビル5階	03-3585-0907
	目黒	〒141-0021 品川区上大崎 2-17-5 デルダンビル5階	03-3494-8040
	五反田	〒141-0022 品川区東五反田 5-27-6 第一五反田ビル3階	03-3445-0021
	世田谷	〒154-0024 世田谷区三軒茶屋 2-15-8 ファッションビル4階	03-3422-6631

	名称	住所	電話番号
関東・甲信越	蒲田	〒144-0051 大田区西蒲田 7-5-13 森ビル２階	03-3738-3329
	王子	〒114-0002 北区王子 1-14-1 山本屋ビル３階	03-3911-6596
	赤羽	〒115-0044 北区赤羽南 1-4-8 赤羽南商業ビル６階	03-3902-2339
	小岩	〒133-0057 江戸川区西小岩 3-31-14 ジブラルタ生命小岩ビル５階	03-3659-3446
	葛飾	〒125-0062 葛飾区青戸 6-1-1 朝日生命葛飾ビル２階	03-6662-9631
	錦糸町	〒130-0022 墨田区江東橋 3-9-7 国宝ビル５階	03-3631-8490
	向島	〒131-0032 墨田区東向島 6-1-3 小島ビル２階	03-3612-5624
	千住	〒120-0026 足立区千住旭町 40-4 サンライズビル	03-3882-1177
	練馬	〒176-0012 練馬区豊玉北 5-17-12 練馬駅前ビル３階	03-3991-4871
	中野	〒164-0001 中野区中野 5-65-3 A-01 ビル７階	03-5318-2255
	杉並	〒167-0032 杉並区天沼 3-3-3 澁澤荻窪ビルディング４階	03-3391-7100
	板橋	〒173-0004 板橋区板橋 2-67-8 板橋中央ビル９階	03-3961-1166
	麹町	〒102-0083 千代田区麹町 4-4-7 アトム麹町タワー６階	03-3265-6958
	浜松町	〒105-0012 港区芝大門 1-4-14 芝栄太楼ビル７階	03-3433-1901
	八重洲	〒103-0028 中央区八重洲 1-7-20 八重洲口会館６階	03-3271-1833
	大塚	〒170-0005 豊島区南大塚 2-45-9 ヤマナカヤビル４階	03-6913-6208
	赤坂	〒107-0052 港区赤坂 3-9-1 八洲貿易ビル３階	03-3583-3290
	高田馬場	〒169-0075 新宿区高田馬場 3-3-3 NIA ビル５階	03-5332-3309
	昭和通り	〒104-0061 中央区銀座 4-10-6 銀料ビル２階	03-3545-9045
	新宿御苑前	〒160-0022 新宿区新宿 2-9-23 SVAX 新宿 B 館３階	03-3226-6690
	武蔵野	〒180-0004 武蔵野市吉祥寺本町 2-5-11 松栄ビル４階	0422-22-6606
	立川	〒190-0023 立川市柴崎町 3-9-21 エルフレア立川ビル２階	042-524-1279
	八王子	〒192-0082 八王子市東町 7-6 エバーズ第 12 八王子ビル	0426-31-4246
	町田	〒194-0021 町田市中町 1-5-3	042-722-4695
	府中	〒183-0023 府中市宮町２丁目 15 番地の 13 第 15 三ツ木ビル３階	042-369-6951
	多摩	〒206-0033 多摩市落合 1-7-12 ライティングビル１階	042-338-8605
	千葉	〒260-0015 千葉市中央区富士見一丁目 14-13 千葉大栄ビル８階	043-222-2876
	船橋	〒273-0011 船橋市湊町 2-5-1 アイカワビル５階	047-437-0058
	市川合同	〒272-0021 市川市八幡 3-8-18 メゾン本八幡ビル 205	047-321-0665
	木更津	〒292-0057 木更津市東中央 3-5-2-102 第２三幸ビル１階	0438-22-2243

	名称	住所	電話番号
関東・甲信越	銚子	〒288-0044 銚子市西芝町3-9　銚子駅前大樹ビル2階	0479-23-6071
	松戸	〒271-0091 松戸市本町11-5　明治安田生命松戸ビル3階	047-363-2091
	柏	〒277-0011 柏市東上町7-18　柏商工会議所5階	04-7166-6262
	成田	〒286-0033 成田市花崎町956番地	0476-22-1035
	館山	〒294-0047 館山市八幡32-2	0470-22-5528
	茂原	〒297-0026 茂原市茂原640-10　地奨第3ビル2階	0475-22-5959
	水戸合同	〒310-0801 水戸市桜川1-5-15　都市ビル6階	029-221-8758
	土浦	〒300-0813 土浦市富士崎1-7-21　和光ビル4階	029-821-6754
	日立	〒317-0073 日立市幸町1-4-1　駅前ビル4階	0294-21-5791
	取手	〒302-0004 取手市取手2-14-24　竹内ビル2階	0297-74-2569
	下館	〒308-0031 筑西市丙360　スピカ6階　下館商工会議所内	0296-24-9460
	鹿嶋	〒314-0031 鹿嶋市宮中8-12-6	0299-83-4822
	宇都宮	〒320-0811 宇都宮市大通り4-1-18　宇都宮大同生命ビル7階	028-624-1100
	足利	〒326-0814 足利市通3-2589　足利織物会館3階	0284-21-6822
	小山	〒323-0807 小山市城東1-6-36　小山商工会議所会館3階	0285-24-4599
	大田原	〒324-0041 大田原市本町1-2714	0287-23-0666
	前橋合同	〒371-0023 前橋市本町1-3-6	027-223-8277
	太田	〒373-0851 太田市飯田町1245-1　清水ビル1階	0276-45-8469
	高崎合同	〒370-0849 高崎市八島町20-1　武蔵屋ビル4階	027-325-1574
	桐生	〒376-0011 桐生市相生町2-376-13	0277-54-2168
	伊勢崎	〒372-0014 伊勢崎市昭和町3919　伊勢崎商工会議所会館3階	0270-24-3252
	富岡	〒370-2316 富岡市富岡1477-1　富岡市水道会館1階	0274-64-1075
	甲府	〒400-0024 甲府市北口1-3-1	055-252-7752
	大月	〒401-0011 大月市駒橋1-2-27　大月織物協同組合2階	0554-23-1452
	長野合同	〒380-0872 長野市大字南長野妻科437-7　長野法律ビル1階	026-234-8585
	上田	〒386-0023 上田市中央西1-15-32　フコク生命上田ビル3階	0268-22-5477
	松本	〒390-0874 松本市大手2-5-1　モモセビル3階	0263-35-6309
	諏訪	〒392-0026 諏訪市大手2-17-16　信濃ビル3階	0266-53-4641
	飯田	〒395-0033 飯田市常磐町30　飯伊森林組合ビル2階	0265-23-6502
	伊那	〒396-0015 伊那市中央4907-4　久保田ビル2階	0265-73-8622
	佐久	〒385-0027 佐久市佐久平駅北26-7　藤ビル2階	0267-54-8305

	名称	住所	電話番号
関東・甲信越	新潟合同	〒950-0917 新潟市中央区天神 1-1　プラーカ3棟（6階）	025-240-2610
	長岡合同	〒940-0053 長岡市長町 1 丁目甲 1672-1	0258-33-5435
	上越	〒943-0834 上越市西城町 2-10-25　大島ビル1階	025-522-4104
	三条	〒955-0047 三条市東三条 1-5-1　川商ビル 4 階	0256-32-3026
	新発田	〒957-0054 新発田市本町 1-3-5　第 5 樫内ビル 3 階	0254-24-3101
中部	静岡合同	〒420-0853 静岡市葵区追手町 2-12　安藤ハザマビル3階	054-252-8988
	沼津合同	〒410-0801 沼津市大手町 3-6-18　住友生命沼津ビル 5 階	055-962-5731
	熱海	〒413-0005 熱海市春日町 2-9　熱海駅前第二ビル 3 階	0557-82-7770
	富士	〒417-0055 富士市永田町 1-124-2　EPO 富士ビル2階	0545-51-4958
	浜松合同	〒430-0946 浜松市中区元城町 219-21　第一ビル2階	053-452-0718
	掛川	〒436-0056 掛川市中央 2-4-27　中央ビル 5 階	0537-22-2304
	袋井	〒437-0013 袋井市新屋 1-2-1　袋井商工会議所 2 階	0538-42-8412
	下田	〒415-0036 下田市西本郷 1-2-5　佐々木ビル 3 階	0558-22-5521
	葵町	〒461-0002 名古屋市東区代官町 35-16　第一富士ビル 3 階	052-931-0353
	熱田	〒456-0031 名古屋市熱田区神宮 4-7-27　宝ビル 18 号館 2 階	052-682-5973
	名古屋駅前	〒450-0003 名古屋市中村区名駅南 1-17-29　広小路 ES ビル 7 階	052-551-9737
	春日井	〒486-0844 春日井市鳥居松町 4-151	0568-85-9351
	一宮	〒491-0858 一宮市栄 1-9-20　朝日生命一宮ビル 5 階	0586-72-4925
	半田	〒475-0902 半田市宮路町 273　柊ビル 2 階	0569-22-1551
	岡崎合同	〒444-0813 岡崎市羽根町字貴登野 15　岡崎シビックセンター 2 階	0564-58-8193
	豊田	〒471-0027 豊田市喜多町 6-3-4	0565-34-1731
	豊橋合同	〒440-0888 豊橋市駅前大通 2-33-1　開発ビル 9 階	0532-52-2312
	西尾	〒445-0852 西尾市花ノ木町 3-3　丸万ビル 3 階	0563-54-5699
	新城	〒441-1374 新城市字町並 16	0536-23-5768
	津合同	〒514-0036 津市丸之内養正町 7-3　山田ビル	059-228-9373
	松阪合同	〒515-0034 松阪市南町 178-5	0598-23-7883
	四日市合同	〒510-0074 四日市市鵜の森 1-3-15　リックスビル 3 階	059-353-3394
	伊勢	〒516-0037 伊勢市岩淵 2-5-1　三銀日生ビル 5 階	0596-28-6506
	上野	〒518-0873 伊賀市上野丸之内 55　丸ビル3階	0595-23-6549
	岐阜合同	〒500-8856 岐阜市橋本町 1-10-1　アクティブ G 2 階	058-263-6582
	大垣	〒503-0888 大垣市丸の内 1-35	0584-78-6174

	名称	住所	電話番号
中部	美濃加茂	〒505-0034 美濃加茂市古井町下古井 468　セントラルビル 2 階	0574-26-4436
	高　山	〒506-0009 高山市花岡町 2-55-25　高山 LO ビル 2 階	0577-32-4148
	多治見	〒507-0033 多治見市本町 5-15-2	0572-23-6782
	福井合同	〒910-0023 福井市順化 1-24-43　ストークビル 9 階	0776-22-1584
	武　生	〒915-0813 越前市京町 2-1-6　善光寺ビル 1 階	0778-23-5689
	敦　賀	〒914-0811 敦賀市中央町 1-13-32　M&M ビル 101	0770-23-3598
	金沢合同	〒920-0855 金沢市武蔵町 6-1　レジデンス第 2 武蔵 1 階	076-263-4355
	小　松	〒923-0868 小松市日の出町 1-126　ソレアード 2 階	0761-22-0831
	七　尾	〒926-0816 七尾市藤橋町戌部 26-1　トウアイビル 102	0767-52-6508
	富山合同	〒930-0094 富山市安住町 2-14　北日本スクエア北館 8 階	076-442-2700
	高　岡	〒933-0021 高岡市下関町 1-19　毛利ビル 1 階	0766-25-5130
	魚　津	〒937-0051 魚津市駅前新町 5-30　サンプラザ 2 階	0765-24-6747
近畿	梅　田	〒530-0012 大阪市北区芝田 2-7-18　オーエックス梅田ビル新館 3 階	06-6376-4335
	平野町	〒541-0046 大阪市中央区平野町 2-1-2　沢の鶴ビル 2 階	06-6231-8587
	本　町	〒541-0052 大阪市中央区安土町 3-4-10　京阪神安土町ビル 3 階	06-6271-6265
	江戸堀	〒550-0002 大阪市西区江戸堀 1-10-8　パシフィックマークス肥後橋 5 階	06-6443-9489
	難　波	〒556-0011 大阪市浪速区難波中 1-10-4　南海野村ビル 6 階	06-6633-3598
	上　六	〒543-0021 大阪市天王寺区東高津町 11-9　サムティ上本町ビル 4 階	06-6763-3648
	枚　方	〒573-0027 枚方市大垣内町 2-16-12　サクセスビル 5 階	072-841-2325
	堺合同	〒590-0076 堺市堺区北瓦町 2-4-18　現代堺東駅前ビル 4 階	072-233-1412
	岸和田	〒596-0054 岸和田市宮本町 2-29　ライフエイトビル 3 階	072-422-3295
	東大阪	〒577-0809 東大阪市永和 1-11-10　東大阪商工会議所 3 階	06-6725-3882
	高　槻	〒569-1123 高槻市芥川町 1-15-18　ミドリ芥川ビル 2 階	072-681-8500
	京都合同	〒604-8187 京都市中京区東洞院通御池下る笹屋町 436-2　シカタディスビル 5 階	075-231-4338
	宇　治	〒611-0021 宇治市宇治壱番 132-4　谷口ビル 2 階	0774-23-8220
	舞　鶴	〒624-0855 舞鶴市字北田辺 126-1-1　広小路 SK ビル 5 階	0773-75-6520
	福知山	〒620-0045 福知山市駅前町 322 番地　三右衛門ビル 3 階	0773-23-6309
	奈良合同	〒630-8253 奈良市内侍原町 6　奈良県林業会館 3 階	0742-22-2966
	高　田	〒635-0095 大和高田市大字大中 98　おがわビル 2 階	0745-22-7166
	大　津	〒520-0043 大津市中央 3-2-1　セザール大津森田ビル 3 階	077-523-1728
	長　浜	〒526-0042 長浜市勝町 715	0749-63-8377

	名称	住所	電話番号
近畿	近江八幡	〒523-0893 近江八幡市桜宮町 214-5	0748-33-2988
	和歌山合同	〒640-8157 和歌山市八番丁 11　日本生命和歌山八番丁ビル 3 階	073-422-3376
	田辺	〒646-0032 田辺市下屋敷町 37　西原ビル 2 階	0739-22-1873
	御坊	〒644-0012 御坊市湯川町小松原 549-1　アスリービル 1 階	0738-22-7320
	新宮	〒647-0043 新宮市緑ケ丘 2-1-31　カマツカビル 3 階	0735-21-2344
	橋本	〒648-0073 橋本市市脇 1-3-18　橋本商工会館 3 階	0736-32-9745
	神戸	〒650-0037 神戸市中央区明石町 44 番地　神戸御幸ビル 5 階	078-391-1180
	伊丹	〒664-0846 伊丹市伊丹 1-6-2　丹兵ビル 2 階	072-772-4646
	阪神	〒661-0012 尼崎市南塚口町 2 丁目 1 番 2　塚口さんさんタウン 2 番館 2 階	06-4961-6671
	明石	〒673-0892 明石市本町 1-1-32　明石商工会館ビル 3 階	078-912-1499
	姫路東	〒670-0948 姫路市北条宮の町 385　永井ビル 3 階	079-223-0526
	姫路西	〒670-0935 姫路市北条口 2-18　宮本ビル 2 階	079-222-1054
	洲本	〒656-0025 洲本市本町 2-3-13　富本ビル 3 階	0799-24-3454
	豊岡	〒668-0024 豊岡市寿町 2-20　寿センタービル 203	0796-22-0796
	龍野	〒679-4167 たつの市龍野町富永 300-13　中岡ビル 2 階	0791-62-1393
	加古川	〒675-0031 加古川市加古川町北在家 2006　永田ビル 2 階	0794-21-5282
中国	広島合同	〒730-0037 広島市中区中町 7-41　三栄ビル 9 階	082-247-7277
	東広島	〒739-0043 東広島市西条西本町 28-6　サンスクエア東広島 4 階	082-422-3733
	呉	〒737-0051 呉市中央 3-1-26　第一ビル 3 階	0823-21-2938
	尾道	〒722-0014 尾道市新浜 2-5-27　大宝ビル 5 階	0848-22-3712
	福山	〒720-0034 福山市若松町 10-7　若松ビル 4 階	084-925-1487
	三次	〒728-0014 三次市十日市南 1-4-11	0824-62-3381
	山口	〒753-0045 山口市黄金町 3-5	083-925-0035
	徳山	〒745-0034 周南市御幸通 2-12　秋本ビル 5 階	0834-31-1745
	岩国	〒740-0017 岩国市今津町 1-18-7	0827-22-5116
	下関唐戸	〒750-0004 下関市中之町 6-4　大和交通ビル 4 階	083-222-6693
	宇部	〒755-0032 宇部市寿町 3-8-21	0836-34-2686
	萩	〒758-0071 萩市大字瓦町 16　三好ビル 2 階	0838-22-5517
	岡山公証センター	〒700-0815 岡山市北区野田屋町 1-7-17　千代田生命岡山ビル 4 階	086-223-9348

	名称	住所	電話番号
中国	岡山合同	〒700-0821　岡山市北区中山下1-2-11　清寿会館ビル5階	086-222-7537
	倉敷	〒710-0824　倉敷市白楽町249-5　倉敷商工会館4階	086-422-4057
	津山	〒708-0076　津山市上紺屋町1番地　モスト21ビル2階	0868-22-5310
	笠岡	〒714-0081　笠岡市笠岡507-74	0865-62-5409
	鳥取合同	〒680-0845　鳥取市富安2-159　久本ビル5階	0857-24-3030
	米子	〒683-0823　米子市加茂町2-113　加茂町ビル2階206	0859-32-3399
	倉吉	〒682-0816　倉吉市駄経寺町2-15-1　倉吉合同事務所1階	0858-22-0437
	松江	〒690-0886　松江市母衣町95　古田ビル2階	0852-21-3524
	浜田	〒697-0016　浜田市野原町1826-1　いわみーる2階	0855-22-7281
四国	高松	〒760-0050　高松市亀井町2-1　朝日生命高松ビル7階	087-813-3536
	丸亀	〒763-0024　丸亀市塩飽町7-2　県信ビル5階	0877-23-4734
	徳島	〒770-0841　徳島市八百屋町3-15　サンコーポ徳島ビル7階	088-625-6575
	高知合同	〒780-0870　高知市本町1-1-3　朝日生命高知本町ビル3階	088-823-8601
	中村	〒787-0033　四万十市中村大橋通6-3-7　第1とらやビル4階	0880-34-1728
	松山合同	〒790-0801　松山市歩行町2-3-26　公証ビル2階	089-941-3871
	八幡浜	〒796-0048　八幡浜市北浜1-3-37　愛媛県南予地方局八幡浜支局庁舎1階	0894-22-2070
	新居浜	〒792-0025　新居浜市一宮町2-4-8　新居浜商工会館3階	0897-35-3110
	宇和島	〒798-0035　宇和島市新町1-3-19　兵頭ビル2階	0895-25-2292
	今治	〒794-0042　今治市旭町2-3-20　今治商工会議所ビル5階	0898-23-2778
九州・沖縄	福岡	〒810-0073　福岡市中央区舞鶴3-7-13　大禅ビル2階	092-741-0310
	博多	〒812-0011　福岡市博多区博多駅前3-25-24　八百治ビル3階	092-400-2560 092-432-6680
	久留米	〒830-0023　久留米市中央町28-7	0942-32-3307
	大牟田	〒836-0843　大牟田市不知火町2-7-1　中島物産ビル5階	0944-52-5944
	小倉合同	〒803-0811　北九州市小倉北区大門2-1-8　コンプレート西小倉ビル2階	093-561-5059
	八幡合同	〒806-0021　北九州市八幡西区黒崎3-1-3　菅原第1ビルディング3階	093-644-1525
	田川	〒826-0031　田川市千代町8-46	0947-44-4130
	直方	〒822-0015　直方市新町2-1-24	0949-24-6226
	飯塚	〒820-0067　飯塚市川津406-1　丸二ビル1階	0948-22-3579
	行橋	〒824-0001　行橋市行事4-20-61	0930-22-4870

	名称	住所	電話番号
九州・沖縄	筑紫	〒818-0105 太宰府市都府楼南 5-5-13	092-925-9755
	佐賀合同	〒840-0801 佐賀市駅前中央 1-5-10　朝日生命駅前ビル 7 階	0952-22-4387
	唐津	〒847-0016 唐津市東城内 17-29　唐津商工共済ビル 2 階	0955-72-1083
	長崎合同	〒850-0033 長崎市万才町 7-1　住友生命長崎ビル 8 階	095-821-3744
	諫早	〒854-0016 諫早市高城町 5-10　諫早商工会館 4 階	0957-23-4559
	佐世保	〒857-0052 佐世保市松浦町 5-13　グリーンビル 1 階	0956-22-6081
	島原	〒855-0034 島原市田町 675-6	0957-62-7822
	大分合同	〒870-0045 大分市城崎町 2-1-9　城崎 MK ビル 2 階	097-535-0888
	中津	〒871-0031 中津市大字中殿 558-2　ハーブタウンⅢ 1 階	0979-25-2695
	日田	〒877-0025 日田市田島 2-1-20　第 2 光ビル 2 階	0973-24-6751
	熊本合同	〒862-0976 熊本市中央区九品寺 2-1-24　ベストアメニティ熊本九品寺ビル 3 階	096-364-2700
	八代	〒866-0861 八代市本町 2-4-29	0965-32-6289
	天草	〒863-0037 天草市諏訪町 2-10　武内ビル 1 階	0969-22-3666
	鹿児島合同	〒892-0816 鹿児島市山下町 17-12　平正ビル	099-222-2817
	川内	〒895-0061 薩摩川内市御陵下町 14-1	0996-22-5448
	鹿屋	〒893-0014 鹿屋市寿 1-19-2-1	0994-41-3339
	名瀬	〒894-0025 奄美市名瀬幸町 12-22-201	0997-52-2661
	宮崎合同	〒880-0802 宮崎市別府町 2-5　コスモ別府ビル 2 階	0985-28-3038
	都城	〒885-0025 都城市前田町 15 街区 10-1	0986-22-1804
	延岡	〒882-0823 延岡市中町 2-1-7　ジブラルタ生命延岡ビル 5 階	0982-21-1339
	日南	〒887-0031 日南市戸高 1-3-2	0987-23-5430
	那覇公証センター	〒900-0067 那覇市字安里 176-4　マリッサヒルズ 3 階	098-862-3161
	沖縄	〒904-2153 沖縄市美里 1-2-3	098-938-9380

税理士

納税者にかわり、税務書類の作成、税金の申告などの実務を行ったり、税金に関する相談に応じたりする、税務の専門家が税理士です。相続税や贈与税の計算・申告・納税が相続人自身ではむずかしいと思われるとき、また相続税をおさめる必要があるかの判断がつかないときなど、相続・贈与にあたってアドバイスを受けたいときには相談だけでも受け付けています。

各地の税理士会では無料の税務相談を行っているところもあります。

日本税理士会連合会ホームページ ▶▶▶ http://www.nichizeiren.or.jp/

◆ **全国の税理士会一覧** ※各地域ごとにそれぞれ支部があります。

名称	住所	電話番号
日本税理士会連合会	〒141-0032　品川区大崎1-11-8　日本税理士会館8階	03-5435-0931
北海道税理士会	〒064-8639 札幌市中央区北3条西20丁目2-28　北海道税理士会館3階	011-621-7101
東北税理士会	〒984-0051　仙台市若林区新寺1-7-41	022-293-0503
関東信越税理士会	〒330-0854 さいたま市大宮区桜木町4-333-13　OLSビル14階	048-643-1661
千葉県税理士会	〒260-0024 千葉市中央区中央港1-16-12　千葉県税理士会館3階	043-243-1201
東京税理士会	〒151-8568　渋谷区千駄ヶ谷5-10-6	03-3356-4461
東京地方税理士会	〒220-0022　横浜市西区花咲町4-106　税理士会館7階	045-243-0511
北陸税理士会	〒920-0022　金沢市北安江3-4-6	076-223-1841
東海税理士会	〒450-0003 名古屋市中村区名駅南2-14-19　住友生命名古屋ビル22階	052-581-7508
名古屋税理士会	〒464-0841 名古屋市千種区覚王山通8-14　税理士会館ビル4階	052-752-7711
近畿税理士会	〒540-0012　大阪市中央区谷町1-5-4	06-6941-6886
中国税理士会	〒730-0036　広島市中区袋町4-15	082-246-0088
四国税理士会	〒760-0017　高松市番町2-7-12	087-823-2515
九州北部税理士会	〒812-0016　福岡市博多区博多駅南1-13-21	092-473-8761
南九州税理士会	〒862-0971　熊本市中央区大江5-17-5	096-372-1151
沖縄税理士会	〒901-0152 那覇市小禄1831-1　沖縄産業支援センタービル7階	098-859-6225

法テラス（日本司法支援センター）

法テラス（日本司法支援センター）は国が設立した公的法人です。法テラスでは、法的トラブルの解決の情報提供を行うほか、経済的に余裕がない人を対象に無料法律相談や弁護士・司法書士費用の立て替えなども行っています。

遺言・相続についての法的な情報の提供や、適切な相談窓口の紹介をしてもらえます。

● 法テラス（日本司法支援センター）

サポートダイヤル（法制度紹介・相談窓口案内）	0570-078374（月～金 9:00 ～ 21:00 ／土 ～ 17:00） PHS、IP 電話からは 03-6745-5600

法テラスのホームページ ▶▶▶ https://www.houterasu.or.jp/

◆ 全国の法テラス一覧

地域	所在地	電話番号
北海道	札幌	0570-078388
北海道	函館	0570-078390
北海道	旭川	0570-078391
北海道	釧路	0570-078392
東北	宮城	0570-078369
東北	福島	0570-078370
東北	山形	0570-078381
東北	岩手	0570-078382
東北	秋田	0570-078386
東北	青森	0570-078387
関東・甲信越	東京	0570-078301
関東・甲信越	神奈川	0570-078308
関東・甲信越	埼玉	0570-078312
関東・甲信越	千葉	0570-078315
関東・甲信越	茨城	0570-078317
関東・甲信越	栃木	0570-078318
関東・甲信越	群馬	0570-078320
関東・甲信越	山梨	0570-078326
関東・甲信越	長野	0570-078327
関東・甲信越	新潟	0570-078328
中部	静岡	0570-078321
中部	愛知	0570-078341
中部	三重	0570-078344
中部	岐阜	0570-078345
中部	福井	0570-078348
中部	石川	0570-078349
中部	富山	0570-078351
近畿	大阪	0570-078329
近畿	京都	0570-078332
近畿	兵庫	0570-078334
近畿	奈良	0570-078338
近畿	滋賀	0570-078339
近畿	和歌山	0570-078340
中国	広島	0570-078352
中国	山口	0570-078353
中国	岡山	0570-078354
中国	鳥取	0570-078357
中国	島根	0570-078358
四国	香川	0570-078393
四国	徳島	0570-078394
四国	高知	0570-078395
四国	愛媛	0570-078396
九州・沖縄	福岡	0570-078359
九州・沖縄	佐賀	0570-078361
九州・沖縄	長崎	0570-078362
九州・沖縄	大分	0570-078363
九州・沖縄	熊本	0570-078365
九州・沖縄	鹿児島	0570-078366
九州・沖縄	宮崎	0570-078367
九州・沖縄	沖縄	0570-078368

弁護士会一覧……203
包括遺贈……28
包括受遺者……28、172
法定相続……18、22、152、154、162
法定相続人……22、156、176
法定相続分……18、56、162、176
法定代理人……172
法テラス（日本司法支援センター）……219
本来の財産……177、186

ま

マイナスの財産……28、52、152、154、168
満期保険金……196
みなし相続財産……154、177、178、196
みなし贈与……196、198
みなし贈与財産……186

や

有価証券……54、91、177、178
行方不明者……131、158
養子縁組……20、104、106
預貯金の払い戻し制度……6

ら

臨終遺言……31
暦年課税……184、187、188、192、194
暦年贈与……198
連年贈与……199
ローンの承継……120
路線価……52、181、182
路線価方式……181、182

贈与者……184、192
贈与税……181、184、186、188、190、192
贈与税の延納……189
贈与税の計算方法……189
贈与税の配偶者控除……190、199

た

代襲相続……66、107、108、157、162、169
代襲相続人……107、158、164、167、172
退職手当金……177
単純承認……168
嫡出子……19、149、156、165
調停分割……154
直系尊属……23、156、162
直系卑属……23、156、162
定期金の贈与……199
伝染病隔絶地遺言……31
特定遺贈……28
特定贈与財産……190
特定贈与信託……187
特別縁故者……160
特別縁故者に対する財産分与の申し立て……161
特別寄与者……26、101
特別寄与分……26
特別控除額……193
特別失踪……158
特別受益……5、26、29、128、155
特別受益者……26、56
特別受益の持ち戻し……5、20、26、128
特別代理人……172
特別代理人選任申立書……173
特別の寄与の制度……9
特別方式……30
特別養子制度……148

な

内縁……19、102、160
難船危急時遺言……31
認知……19、21、50、78、102、136、165

は

配偶者居住権……4、84、181
配偶者相続人……156
配偶者短期居住権……4
配偶者の税額軽減……172、177、179、191
配偶者の特別控除……187、190
非上場株式等の贈与税の納税猶予制度……178
被相続人……18、152、156、158
非嫡出子……19、78、149、156、165
秘密証書遺言……30、33、44、46、48、150
評価額……52
不在者財産管理人……131、158
不在者の財産管理人選任申立書……159
負担付遺贈……29、118
普通失踪……158
普通方式……30
不当利得返還請求……7
プラスの財産……28、52、152、154、168
分割協議……18、28、172
分割禁止……126
ペットの世話……121

国税庁・国税局・税務署の税務相談……205
固定資産税評価額……181、182
固定資産評価証明書……181

さ

催告……29
財産贈与……185
財産評価基本通達……180、188
財産目録……32、52、54、60、62
祭祀財産……53、154、177、200
祭祀承継者……20、96、155
死因贈与……185
事業用資産……92
実勢価格……52
失踪宣告……152、158
指定分割……154
自筆証書遺言…2、30、32、34、46、48、57、60、64、148、150
自筆証書遺言の保管制度……3、32
死亡退職金……154、177、178
受遺者……28、39、45、50、62、160
住宅取得等資金の贈与税……191、199
受益者……29
受贈者……184、192
障害者非課税信託申告書……187
小規模宅地……181、182
証人……39
心身障害者共済制度……187
心身障害者受給金……178
信託銀行の遺言信託……58
信託受益権……186
審判分割……154
推定相続人……21、23、45、53、192
推定相続人廃除……53
推定相続人廃除の申立書……55
生前贈与……5、22、26、56、128、177、184
生前贈与財産……176、178
成年後見人……138
生命保険金……154、177、178、186、196
生命保険金の受取人……135
税理士会一覧……218
船舶隔絶地遺言……31
臓器提供……146
相続欠格……24、157、180
相続欠格者……107
相続財産管理人……160
相続時精算課税制度……184、192、199
相続時精算課税贈与財産……177、178
相続税……153、176、178、180、192、198
相続税額……179
相続税の計算……179、180
相続人相互の担保責任……21
相続人の廃除……20、24、50、53、107、132
相続人の廃除の取り消し……20、50、53、134
相続廃除……157、180
相続放棄……24、29、153、165、168、176
相続放棄の申述書……171
贈与……23、184
贈与課税……184
贈与契約書……199、200

索引

あ

遺言事項……20
遺言執行者……20、29、50
遺言執行者選任の申立書……51
遺言書検索システム……40
遺言書検認の申立書……49
遺言書情報証明書……3
遺言書の保管……48、58
遺言書保管所……3
遺言信託……58
遺言の執行……50
遺言の変更……46
遺言の方式……30
遺言を撤回……46、140
遺産分割……20、53、154
遺産分割協議……98、129、153、155、172、176
遺産分割協議書……172
遺産分割調停申立書……175
遺産分割の禁止……21
遺産分割の審判……155、174
遺産分割の調停……155、174
遺贈……19、22、28、39、100、185
遺族年金……154
一般隔絶地遺言……31
一般危急時遺言……31、45
一般財団法人の設立……142
遺留分……8、19、22、24、29、53、57、155
遺留分侵害額請求権……22、24
遺留分の侵害額請求……8、21、22、153
遺留分の放棄……23、68
遺留分放棄の許可の申立書……25
延納許可申請書……189

か

隔絶地遺言……30
加除訂正……33、44、46、64
家庭裁判所一覧……206
株式……54、90、182
危急時遺言……31、45
基礎控除額……176、188、190、193
寄付……19、20、116、177、178
協議分割……154
共同遺言……20、150
寄与分……27、130、155
金銭消費貸借契約書……198
血族相続人……156
限定承認……153、168
限定承認の申述書……170
検認……32、38、44、48、56、63、153
公益事業用財産……178、187
後見監督人……20、124
後見人……20、124
公証人……38、40、57、208
公証役場……38、40、44、47、48
公証役場（公証人役場）一覧……208
公正証書遺言……30、33、38、42、47、48、57、150
香典……154

監修者紹介

比留田　薫
（ひるた　かおる）

弁護士。1981年、慶應義塾大学法学部法律学科卒業。89年、弁護士登録。同年より、「大原法律事務所」に所属。離婚、相続、遺言書作成、破産・任意整理などの民事全般を扱う。東京弁護士会所属。

令和版《れいわばん》

遺言《ゆいごん》の書《か》き方《かた》と相続《そうぞく》・贈与《ぞうよ》

令和元年 8 月31日　第１刷発行
令和２年 9 月10日　第４刷発行

編　者　主婦の友社
発行者　平野健一
発行所　株式会社主婦の友社
〒141-0021
東京都品川区上大崎3-1-1 目黒セントラルスクエア
電話　03-5280-7537（編集）
03-5280-7551（販売）
印刷所　大日本印刷株式会社

ISBN978-4-07-439180-6

■本書の内容に関するお問い合わせ、また、印刷・製本など製造上の不良がございましたら、
主婦の友社（電話03-5280-7537）にご連絡ください。
■主婦の友社が発行する書籍・ムックのご注文は、お近くの書店か
主婦の友社コールセンター（電話0120-916-892）まで。
＊お問い合わせ受付時間　月～金（祝日を除く）　9:30 ～ 17:30

主婦の友社ホームページ　https://shufunotomo.co.jp/

※本書は『最新版 遺言の書き方と相続･贈与』（2015年4月主婦の友社刊）の内容を一部抜粋して再編集したものです。